北京上河卓远文化传播有限公司　出品

每一个夜晚，每天早晨

刘立杆

河南大学出版社

图书在版编目（CIP）数据

每个夜晚，每天早晨 / 刘立杆著 . — 郑州：河南大学出版社，2015.12
ISBN 978-7-5649-2277-1

Ⅰ.①每… Ⅱ.①刘… Ⅲ.①短篇小说-小说集-中国-当代 Ⅳ.①I247.7

中国版本图书馆 CIP 数据核字（2015）第 305454 号

每个夜晚，每天早晨

著　　者　刘立杆
责任编辑　韩　琳
责任校对　霍晓玉
装帧设计　丁威静

出　　版　河南大学出版社
地　　址　郑州市郑东新区商务外环中华大厦2401号　邮编：450046
电　　话　0371－86059701（营销部）　网址：www.hupress.com
制　　作　北京大观世纪文化传播有限公司
印　　刷　河南瑞之光印刷股份有限公司
版　　次　2018年8月第1版　　　　印　次　2018年8月第1次印刷
开　　本　889mm×1194mm　1/32　印　张　9.5
字　　数　182千字　　　　　　　　定　价　38.00元

版权所有，侵权必究

（本书如有印装质量问题，请与河南大学出版社营销部联系调换）

目录

1 一封西夏朝的来信

36 表姐

76 夏天的课程

102 初冬

119 四号鱼钩

150 悲伤的陌生人

173 小吉普

202 盲人之家

220 天边

249 孤单的时候跳个舞

273 每个夜晚,每天早晨

296 后记

一封西夏朝的来信

1

"……那些锥形陵墓在漫天的黄沙里默默无语。昔日巍峨的宫阙散成瓦砾,湮没在荒烟衰草间。我看见,一匹无头的石马跪在颓圮的神道边,顽固地守护着这块死者专享的禁地。"

一年里这是第四次,李苏东拉西扯了半天后,在信里突兀地向我描述起那些公元十一至十三世纪的陵墓——他雕琢而繁芜的文字,似乎恪守了多少有些过时的美文原则,给一封信手拈来的书信带来了某种意外的滑稽气氛,像一部规整的手抄佛经里突然出现的花哨的斜体。我怀疑,它们多半是李苏从抽屉里现成的导游手册上抄来的,或者出自十九世纪某个来东方猎奇的欧洲旅行家的游记——若干年后,我在法国诗人兼外交官克洛岱尔关于南京明孝陵的记述里,发现了极为相似的段落——无非毫无想象力地重复我们在学校时那套无聊的把戏。不过,除了付之一笑外,它们确实在某种程度上达到了预期的效果,即在所有内容芜杂的来信中,最后唯有这些不着边际的段落给人留下了印象。

"显然,这是一片不朽的无神论者的陵墓,"李苏写道,"站在那里,我不由自主产生了一种皈依的冲动。"

我已经习惯了李苏周期性的胡言乱语。在那个偏僻而寒冷的内陆省份,一年里大概有五个月,除了吃喝和冬眠,李苏和他工作的旅行社无事可干。七年来,他就像一个偏执的书写狂,每隔十天半月就在纸上排下密密麻麻的虫卵,来不断骚扰他耐心的、有些天真好奇的朋友们。刚毕业那阵,我们每个人都收到过一份花花绿绿的银川导游图。他那些从下意识流水线上源源不断炮制出的长信,就像一团吸附在磁铁上的乱蓬蓬的大头针,充满了即兴式的随感、感伤的怀旧和大段夸张的、漫无目的的议论,却很少涉及具体之物——有一段时间,因为我们的懒惰、健忘以及回信冷淡的敷衍,甚至充斥了诘问和气愤。然而就连这种愤怒,在李苏夸张和混乱的表述中,也是真伪莫辨的。关于他在宁夏的生活,始终流传着好几种互相矛盾的说法。

即便如此,从那些雾气弥漫的语言的沙滩上,偶尔也会影影绰绰露出有关李苏真实状态的桅杆。面对信中的大堆密码和隐语,我们甚至不自觉地形成了一种古怪的阅读习惯,就像那些传闻中邮政局里训练有素的安全检查官,可以轻松

地根据蛛丝马迹探微索隐。如果记忆准确无误的话,在最近的一封信里,李苏这样写道:

"我很孤独。便秘了一个星期……现在我才知道,我们以前所说的孤独,不过是矫情,不过是虚假的美感——事实上,孤独是与生俱来的。这股可怕的、令人发狂的力量永远来自身体内部……"

虽然我知道,每当李苏说到孤独的时候,很明显是在说别的什么,但读到这儿心里还是有些难过。然而,孤独并不总是让人烦恼的。我发现,倒是那些生活中习惯性的瘤疾要难对付得多。那滔滔不绝的说话的快感和孩童恶作剧般的窃喜,现在已经成了李苏散漫的生活方式的一部分,以至于他所有关于个人境遇的抱怨、地理和气候上的不适以及由此引申出的悲观绝望,最后都变成了习惯的一部分,变成了抱怨本身。巨大的压力和些微的快乐,一切都在生活的惯性中消融了。

我愿意相信,我和李苏之间的友情从我们认识以前就已经开始了——它不仅建立在相似的个人经历和日常接触中,而且也依赖某种未知的宿命。那两条命运秘密的螺旋线要越过平庸乏味的大学时代,一直追溯到童年嘈杂的碎石子街巷。在某个偶然交错的点上,一束光正从书本上移开,越过残破的石库门房子,落在远处熊熊燃烧的花园的角落。我们都有过一个模模糊糊的幼稚的文学梦,像在那个匮乏年代出生的其他孩子一样，都有一个潮湿的江南生活的背景。

　　李苏有一张落落寡合的脸，略带讥讽的嘴角习惯性的微微上翘，手指像女人一样细长和光洁，具有南方人典型的那种敏感而脆弱的气质。在学校里他属于边缘人物，游离于面目模糊的集体之外；热衷于诗歌，阅读名人传记，培养各种可笑的怪癖。如果排除教室和食堂，这位身体力行的犬儒主义信徒的生活几乎就局限在蚊帐围起的臭气熏天的一个多平方内。每当从嘎吱直响的双层铺上方垂下那两条苍白而多毛的腿，我们就不免一阵担心，生怕由于长时间的卧床不起，他那颗脆弱的心脏已经无法承受直立时的体重。李苏趿拉着海绵拖鞋，叼着烟，鼻孔里塞着两个棉花球（用来止住因强抑苦读时的烦躁而淌出的鼻血），懒散而愉快地走在他无意中为自己设计的标新立异的形象里。

　　四年短暂的校园生活，李苏就像一根孤零零的标杆，立在校园空旷的操场上。秘而不宣的野心和惊人的毅力造就了李苏身上某种近乎自虐的倾向，帮助他成功地避开了青春期的骚动和危险的感情旋涡。到了毕业前那个纷乱又茫然的夏天，李苏却以前所未有的狂热，出人意料地谈起了恋爱。他的女朋友是从宁夏来的历史系考古专业的定向代培生，比我们低两个年级。唯一合理的解释是，在文学和爱情之间，李苏发生了一次微妙的移情。在骚动不安中，这个银川姑娘沉默地扳起了李苏前方的道岔。

那些炎热的夜晚，我们提着啤酒瓶，坐在宿舍门口的水泥长椅上不停淌着汗。李苏嘴里喷吐着炽热的浊气，喋喋不休地向我重复着一个名字。关于他们生日的不可思议的巧合，身体富有灵性的默契（"就像一架钢琴和谐的四手联弹"）——虽然我难以想象李苏如何在简陋的水泥舞池里笨拙地迈动他那两条又瘦又长的鹤腿，一次任性的、最后破涕为笑的争吵，一个迷人的招人怜爱的小动作。他们指尖相触的弧光延长了散发栀子花香的、蟋蟀狂醉的黄昏，他们奇异的相遇改变了秘密的天宫图的排列——从一个过来人的角度看，这段关系中的所有浪漫色彩和独特性，充其量也不过是校园爱情的拙劣的翻版。

然而，任何审时度势的分析和苦苦规劝都是无用的。那些半嫉妒半世故的劝说，不过反衬了一个超凡脱俗的神话。在极度亢奋中，西北那块偏远的土地，一夜之间成了伟大爱情的确证。李苏的名字滑稽地出现在学校门口的光荣榜上，在大学生涯的最后一周，孤僻的李苏终于把自己纳入秩序和规范中——而那张皱巴巴的光荣榜仅仅过了一天，就被几个神经过敏的勤杂工撕了下来。他们被要求在暑假前恢复校园整洁，粉刷所有墙壁。

这一悲壮的、不免有些轻率的行动造成了某种不稳定的美感，淡淡洒向李苏一望而知的暗淡前景。在我书架上，有张李苏刚到银川时的照片。照片上，他穿着红色的薄绒套头衫，站在一座空旷的公路桥上，微微皱着眉，似乎不习惯中午直射的光线。他双脚微叉，两臂滑稽地向后展开在身体两侧。李苏可笑的姿势和他背后两条刻板的呈放射状的透视线，形成一种巨大的反差和不协调。我一直不清楚，李苏为什么会挑选这样一张别扭的漫画般的照片，虽然这非常符合他的一贯做法。

我和杜丽结婚的时候，曾写信邀请他回来参加婚礼。婚礼过了半个多月，李苏通过邮局寄来一个厚实的包裹，里面是一条色彩艳俗的栽绒毯，还附了张简短的便笺。和意料中一样，他为不能来上海表示歉意——因为时间或者昂贵的机票之类。上海始终使他感到伤心和尴尬。七年里，他仅仅回来过一次，蓄着络腮胡，带着满身羊膻味，为了挽回彻底无望的爱情。谁都以为李苏会在最短时间内离开银川，他却反倒平心静气地待了下来，而且看样子打算就这样一直待下去。

七年来，他讳莫如深的生活就是一封接一封的信。有时候像个狂躁而又自恋的妄想症患者，有时候又像老太婆一样絮絮叨叨——"你应该来西夏王陵看看，它具有一种令人心醉神迷的荒凉的美。"又有一次，他告诉我，计划为此写一部小说。

"我敢保证，陵墓本身就是一部博尔赫斯式的一流小说。"这位业余陵墓爱好者以他惯用的咋咋呼呼的口吻写道，仿佛他就是那个消弭于无形的游牧民族的唯一见证人。

2

关于那个遥远的十一至十三世纪的异族王朝，它的地理轮廓、风俗、原始贸易、建筑、宗教和数学、文字和游戏……我都一无所知。或许，某个博物馆的地下仓库里还保存着几块令符，青铜器上的铭文，朽烂、易碎的布匹。一些有待稽考的泛黄、发脆的典籍，零星记载着它骄傲的强盛时期，战争和遗民。绵亘的时间里，事件和真实就像缭绕的烟雾，若隐若现，无足轻重。历史，在我们愤世嫉俗的学生时代，从来就是一个可疑的字眼。而且，同所有湮没无闻的神圣的个人相比，一座帝王的坟墓和贺兰山下一坨干结的马粪又有什么区别呢？

我隐约觉得，李苏似乎有意无意地暗示着什么。他那些像火车时刻表一样准时的来信，越来越连篇累牍地谈及那些西夏朝遗址。然而，正如人们熟知的那样，经过在路上数天的跋涉，一封信因为空间转换已经失去了最初的指向，变成混沌、干涩的一团，就连他竭力卖弄的西北粗犷的风物和习俗，到了我们手上，也无非是一张焦距模糊的风光明信片。

我决定不再理会李苏固执可笑的猜谜游戏。大地上这些锥形的突起物，无非是男性生殖器的原始图腾——如果根据狭隘的精神分析观点，我们的朋友即使没有饱尝性压抑之苦，也难逃阳痿焦虑症之嫌——当然了，这种尴尬的臆断对不走运的李苏多少有些不恭。不同于可怕的没有隐私的学生宿舍，有关性的话题现在属于我们交往中的禁忌。我暗自思忖着，在某种意义上，性和坟墓又是一致的，它们同样尖锐地指向我们平庸的存在。而这种平庸，在崇尚行动的时代几乎是命中注定的。

我不得不承认，无论从哪个方面来说，自己都是一个平庸的人。即便是这么多年来乐此不疲的阅读与写作，也仅仅能使自己在爱好者的层面上游刃有余。而且我发现，热情的丧失比才能的缺陷更致命，它就像瘟疫一样在日常生活中蔓延。一段时间来，白天忙碌的采访和夜晚的业余写作形成了一种单调而冷漠的家庭气氛，几乎使我和杜丽的婚姻处于崩溃边缘。我患上了严重的失眠症，整天烦躁不安。迁延不愈的肝病使各个内脏器官频繁闪烁着红灯。一切都在不可阻挡地迅速滑向沮丧的三十岁。生活似乎只剩下一道简单的减法：不断地妥协，不断地调整。现在，就连这段慎微维持多年的友情，也因为距离的阻隔变得日渐遥远和淡漠起来。

纯粹出于自怜或气恼，有一天我在报社值夜班时给李苏写了封长信。"我已经不在乎失去什么朋友了，"我含含糊糊地写道，"从一开始，作为朋友我们有多么相像，那种互相逃避的愿望就有多么强烈。这么多年，你的信已经让我们不堪重负。让我们大家都学会心平气和吧——我想你我同样清楚,有些事情一旦发生就无法弥补。希望你能理解,对朋友不抱希望,是因为首先对自己已经不再抱有什么希望。事实上,我们的生活跟你一样糟糕。"

把信投进邮筒的当天晚上,我就后悔了。尽管我相信,对纠缠不休的往事唯有采取粗暴的、直截了当的做法。我呆呆地坐在房间里,想象着那颗投出的石子把涟漪从银川一波波推到上海,而杜丽会如何怀着被欺瞒和伤害的痛苦表情,怒不可遏地从椅子里跳起来,摔门而去。这件事与其说在后果上让我担忧,不如说引发了一种个人品质和道义上的危机感。接连几天,我陷入了深深的自责。我匆忙地给李苏发了封特快专递,希望赶在上一封信前寄到他手中,为即将到来的冒犯预先道歉。与此同时,李苏那些发自西夏的来信,通过看不见的缓慢而秘密的驼队,仍在源源不断地扔进我们的信箱。

平心而论,这类无聊的文字跟骚扰有什么区别?"漫天的黄沙在夕阳下默默无语……"也许,只有沙子能和这个建在沙滩上的城市沾上点边。那些沙子构成了生活模糊的边界,使每个人在眩晕中不停转圈。难道我必须继续迁就这个拒绝成长的三流诗人的脆弱、孩子气和幽闭恐惧症?然而,语言一旦经过不断重复,似乎就会赋予事物某种超自然的魔力,杜丽——我敢说,她仅剩的那点考古学知识,不过限定于两个年代之间局促的破折号——不由自主地卷入了一场荒唐的追踪。她托着腮，对着书房墙上的一张中国历史纪年表——似乎为了表明她的专业背景或独立性，结婚时她坚持从那些准备扔掉的破烂中，撕下这张皱巴巴的图表，贴在我们粉刷一新的房间里——竭力在记忆里搜索着那个纷乱世纪的片断。显然，我们已经毫无选择地陷入其中。

杜丽在书架上徒然翻找了半天，最后搬出一部积满灰尘的1979年版的《辞海》缩印本，检索有关西夏的条目。在第2063页我们看到这样一段过于严谨和简约的文字："……公元8世纪前后，为了逃避强悍的吐蕃国的迫害和奴役，大批党项羌人从世代居住的青海、甘肃等地迁徙到河套流域，在那里这个游牧民族逐渐建立起自己的农耕王国……"翻过一页，在"西夏文"条目下记载着，在短暂而动荡的190年的历史上，这个蛮荒之邦甚至令人吃惊地创造出了自己的文字、宗教……今天河北保定的某个地方，曾发现过明朝中叶的西夏文石刻。我们还在书中发现了两部与此有关的重要著述，一部是清代道光年间的编年体史书《西夏书事》，长达42卷；另一部是较为权威的《明史·夏国传》。

第二天傍晚，杜丽下班路过五角场附近一家位置偏僻的学术书店。这是我们上学时经常光顾的地方。因为停电，幽暗的店堂里点着蜡烛。她撑着伞急急忙忙走进去，隔着玻璃柜台，瞥见书架最左边的角落里放着一排精装的《明史》，暗红色的书脊和黑色的宋体字显得非常朴素和协调。当然了，那不是我们要找的那本，而是我们母校历史系几个青年教师合著的研究论文集。在作者栏里，她意外地发现了吕品器的名字。

3

吕品器，那个猥琐的历史系教授，西装革履的土行孙，不管我多么不愿意提及这个志得意满的小人，他还是像只鼹鼠一样，鬼使神差地从我生活的地平线上重新冒出头来。每当我从杜丽嘴里听见这个黏滑的名字，一股丝丝冷气就会不由自主地从牙缝里蹿上来。这种从每个毛孔分泌出的厌恶，不仅仅是针对一个过去的情敌，一个具有泼皮精神和卑劣手腕的对手。在我不多的经验里，唯独他不折不扣地证明了我从直觉出发的简单好恶的准确性。干瘪瘦小，但腰板在椅子里挺得笔直；眼睛向外鼓突，阴鸷而冰冷的眼神在镜片后面一眨不眨地盯着对方，一旦捕捉到弱点，那咬噬的欲望就会迅速蹿出，给人以致命一击。

是的，即使在不多的交道中，那片吐着信子的毒舌又何尝没在我和杜丽之间布散过奇异的魔障？在他身上集中了啮齿类动物的所有特点：对环境的顽强适应性和惊人的繁殖力——令人纳闷的是，在世俗生活的层面上，真正如鱼得水的恰恰就属于这类人。仅仅凭着野心、过人的记忆力和圆滑的处世之道，这些年来他逐渐成为一个在他那个行当里声名远播的研究者。而正是凭借那支涂满毒液（一些来自日本国立图书馆的真伪莫辨的冷僻的引据）的射向一些知名的历史学老先生的暗箭，在愤怒的质疑和咒骂声中，他接近了个人声望的顶峰。

我还记得当年，杜丽态度暧昧的应答里经常会漏出"吕品器"这三个字。这个老光棍每年都要在班上挑选几个漂亮女生做研究助手，为他查找资料，誊写歪歪扭扭的论文底稿。有段时间，杜丽甚至可以完整地复述她渊博的明史教授论文中貌似精辟的段落，尽管这个迷人的倍感荣幸的白痴，可能没有一次坐下来，耐心读完他任何一篇文章。然而，不管我如何气急败坏，用尽一切办法来分析、诋毁和咒骂，甚至在我和杜丽正式恋爱后，这个体面而虚伪的鼠精仍然保持了若无其事的风度。每次见到我，都会假装亲热地搂住我的肩膀，拍拍打打，然后是一句现成的屡试不爽的俏皮话。他可以迅速造成一种错觉，就好像他是你最可信赖的朋友。

我和杜丽走进吕品器房间的时候，他正在洗脚——确切地说，是把他长满疥癣的脚浸泡在一种散发着熟石灰气味的暗红色液体里。哎呀呀，稀客，稀客。他龇着牙站在脚盆里，嘴里发出咝咝声，一边轻描淡写地解释道，这是他最近查阅某部典籍时发现的一个偏方。那个给我们开门的年轻女人招呼我们在一张旧人造革沙发里坐下——在书架上搁着的一个小相框里，她缩着肩，姿势别扭地和吕品器挨在一起。她非常年轻，看上去至多二十出头；当然，我一点都不感到惊讶。

屋子里有一种破败的气息，过时的白漆家具，起泡的、蒙着灰尘和油垢的印花墙纸。一旦超出他处心积虑经营的符咒系统，我发现，吕品器不过就是一个可怜的侏儒症患者，虽然他不时发出指令——诸如"给这对幸福的小夫妻削个苹果"之类——支使在厨房里忙碌的妻子端茶递烟。没过多久，卧室里传来一阵婴儿的啼哭，他突然对着那个不知所措的女人大声咆哮起来。而那张谄媚的满是皱纹的猫脸转向我们，上面却分明堆满了微笑。我们有两年没见面了。他补充说，两年零四个月。在虚假和感伤的气氛中，他把过去定义为"甜蜜的"和"令人怀念的"——即使有过这样那样"愉快的争吵"。我是"走运的坏小子"，而杜丽则"比以前更漂亮和成熟了"。我感觉，回忆那令人生厌的爪子又从膝盖上慢慢爬了上来。谈话以巧合的方式重现了消失的地点和场景，七年之后，吕品器就以这种粗俗的方式再次居高临下地接待了我们。

杜丽撩了撩垂下来的一绺头发："他在构思关于西夏的文学作品，想讨教你几个问题。"她扬了扬脸，终于把那绺垂下来的头发甩向一侧。"哦，是……吗？"吕品器瞥了杜丽一眼，两只脚在盆里不停地搅动。我们的来意、谦卑的坐姿以及纠结的往事，所有这一切都决定了，这是个错误。事实上，我未经接火就已经败下阵来——除了坚持尴尬的沉默。我一次次掐灭烟头，看着那颗谢顶的泛着油光的脑袋，在满屋子发霉的气息中慢慢浮上来。

4

李苏的噩耗传到上海整整晚了一个多月——此时，我们已经在焦躁不安中熬过了炎热的夏天。七年来，这是李苏唯一的一次延误。死亡来得如此轻易而突然。我想象那轻微的扑哧声像拔出自行车气门芯上的橡皮管，随后，失控的血在重压下，在李苏脑壳里急遽地弥漫开来。那是九月的一个早晨，路过人民广场的时候，我看见几个工人正在博物馆门口张贴一个青铜器展览的海报。明媚的阳光下没有一丝异样：牵着手散步的情侣，熙熙攘攘的提着购物袋的妇女，安详的鸽子在草坪上起落。而一位悲痛欲绝的母亲已经把儿子的骨灰带回了无锡老家。我有些痛苦地想，如果说李苏的命运就像转盘上一滴被不停甩向边缘的水珠，那么现在，这个急速旋转的世界已经把他彻底抛出去了。悲伤和内疚之余，我忽然有种如释重负的感觉。我知道，我们之间纠缠不清的往事也已经结束了。

整理遗物时，李苏的一个同事在他办公室抽屉里发现了一封未写完的信。显然，她认为有责任把噩耗告诉死者的生前好友，于是根据通讯录上的地址，她用特快专递把信寄到上海，并附了一张简短的便笺。有一瞬间，我差点以为这又是李苏的一个圈套。便签后面，附着他未写完的信，只有薄薄的一页。字迹狂躁而潦草，和平常稍有不同的是，抬头只写了我一个人的名字：

"你的信让我大吃一惊！如果我真的妨碍了你和杜丽的生活，请相信，这决非我的本意。这些年来我强忍厌烦，不断给你们写信，不过是出于收信者的礼貌——也许在潜意识里，我一直在盼望着这样一封信。对我来说，这封信同样是一个句号……尽情地发泄你的怒气吧，在上海那种热闹地方待久了，一个人多少会有些压抑和烦躁的。没关系。没关系。我理解你的尴尬。我怎么可以愚蠢到这种地步，竟然认为我们的友谊远远超越了我们的下半身？原来，我们始终在误会对方。太滑稽，太好笑了，实在是太他妈的荒诞……"

我们给李苏的同事写了封信。在感谢之余，出于内疚或心虚，表示希望多了解一些李苏生前的生活状态。大约又过了一个月，初冬的某个傍晚，一个脖子上缠着丝巾，戴着玳瑁边眼镜的陌生姑娘按响了门铃。

我叫夏春，从银川来。她有些僵硬地站在门口的阴影里，冷淡地自我介绍道。她属于那种让人说不上具体年龄的姑娘，粗而短促的眉毛，轮廓分明的四方脸，穿着黑色的西装外套和长裤，有些掉色的鞋帮沾了些小泥点。她身上有种刻板或者说刚毅的东西，一点都不避讳我们审慎而好奇的目光，也不为冒昧来访感到不安，沉默地坐在椅子里，像剧院墙上的性能良好的吸音材料，把我们的寒暄、猜测和礼节性的客套都吸入她莫测的沉默中。

我暗自揣摩着她的身份。从她的语气、表情和对李苏的了解程度看，他们似乎有过某种较为亲密的关系。未婚妻还是情人？她已经去无锡看过为李苏挑选的墓穴，选在了郊外一个面对太湖的山坳里——按照当地风俗，清明后的丧事要到冬至才能落葬。在回去之前，她认为有必要来李苏生前魂萦梦绕的城市逗留一两天。另外，或许我们仍有兴趣了解一些有关李苏的琐碎往事。当然，那是当然。杜丽有些愚蠢地拼命眨着眼睛。

"李苏曾经跟我说起过你们——很偶然的一个机会，他是那种看上去大大咧咧，其实心思很重、把自己藏得很深的人……"

她说话的时候，右手不停地在胸前摆动着，似乎为了克服羞怯或者词不达意的瞬间造成的停顿和凝滞。但她的手势却恰恰加强了那种不协调的感觉，很坚定，但有点笨拙、生硬。一打开话匣，她就迫不及待地从我的烟盒里掏出一支烟，却并不着急点燃。

"那天是星期一，李苏到得出奇的早。从没见过他这么早到单位来,现在回想起来,恐怕就是人家常说的征兆吧。大家为此还一个劲儿开他的玩笑。那天他才从一个团上下来,本来可以补休,但他着急要看后面一个团的资料,呃,上海团,我们旅行社的上海团一直都归他,因为他说他可以用上海话导游。去食堂吃过午饭回来,有人发现他还趴在办公桌上,头埋在胳膊里。就那样死了,谁也不知道……他的两只胳膊在胸口抱得紧紧的,后来我们用尽了各种办法还是分不开。他的身体到最后都没能放平,背始终佝偻着,就像欠起身,去迎着什么人似的……"

她说话的声音很低沉,眼圈也是红的,但没有一滴眼泪流下来。倒是杜丽开始啜泣起来,她属于那种听见哀乐就会流泪的女人。屋子里僵硬的气氛,似乎被杜丽充沛的泪水一点点泡软了。

"你们不必感到不安……或者难过,我觉得这是迟早的事。他在银川几乎没什么朋友,也从来不主动跟别人交往。孤僻,甚至有点古怪,在单位里就像个小老头子,脾气也变得越来越暴躁。……李苏到死都没有适应那里。"

"但是,但是他在学校里并不是这样的呀,"杜丽抽抽噎噎地说,"我们一直都很奇怪,李苏为什么坚持要在银川待下去呢——他完全有机会离开的。"

夏春的眼睛向上异样地耸了一下。"离开?你们以为他还能离开吗?这么打个比方吧,他就像一间关得紧紧的房子，可里面是空的，空空荡荡，什么也没有，什么都给搬空了。像他这样能去哪里，又能干些什么呢？"

"你怎么能这样说呢……怎么能这样说……"杜丽说。

她看着杜丽，嘴角含着一丝讥讽微微上翘。"你们是他那么多年的老朋友，我想，至少该比我更了解他……"

杜丽涨红了脸。两只肩膀仍在抑制不住的悲伤中尴尬地抽动着。

"有个东西要给你们。我在李苏抽屉里找到了一些笔记本……"

她从包里掏出一个厚厚的牛皮纸包放在桌上。她的手在纸包上方约一寸的虚空停顿了一下，做了一个往下按的手势。不，她不需要保存。

"也许会对你有些用处——李苏一直说，你是他最好的朋友，那么再没有什么人比你来保存它们更合适了。"

杜丽执意让我把她送到车站。出了门，来到冷冷清清的大街上，先前那种冷淡或者说充满敌意的气氛似乎稍稍和缓了些。她不习惯上海的冬天，觉得冷，两只手始终抱紧瘦骨伶仃的肩膀。她住在姑妈那里，打算后天回去。"也许，明天我可以陪你到处走走，要是你愿意的话——想去看看我们的学校吗？就在这附近……"我有些结结巴巴地说。

"我哪儿也不想去，"她冷淡地说，"现在我就想着回去。"

这个筋疲力尽的女人在火车上坐了两天两夜，带着仇恨和幽怨,不过是为了加重我们的内疚。她语调平静,与其说是因为轻蔑,不如说是为了加重谴责的分量。没错,她是从头到脚戴着黑纱的。

我在车站踌躇了一会儿,问她:"你知道,李苏恨我——恨我们吗?"

她低着头,不说话。夜班车哐当哐当开了过来。最后上车的时候,她在踏板上扭过头,朝我点了点下巴颏,冷冷地说,你妻子确实很漂亮。

5

随之而来的冬天格外沉闷,一切似乎都循着惯性在生活的刻度表上画着圆。当我夹着包,疲惫地走过烧落叶的大街,李苏的形象便如此清晰地浮现在这个繁华都市的萧瑟冬景上。灰白的光透过法国梧桐的枝丫,似乎将商店的橱窗换成了西北辽阔而寒冷的星空。而我们的朋友正手抄着裤兜,漫步于锥形的陵墓间,沙地上投下他长长的影子。

没有人能告诉我们,那些石头和沙堆筑的陵墓如何进入了李苏行将崩溃的大脑。那些漫长的冬夜,一座寂静的空城。当朔风吹过冥无人迹的大街,虔诚的穆斯林们在圆屋顶寺院里默祷着《古兰经》。而李苏蜷缩在脏得发黑的被窝里,一封接一封写着他的编年史。在内心深处,我始终在抗拒李苏的来信，那种不负责任的夸张玩笑，那种无聊，吞吞吐吐，那种生活带刺的嘈杂声。银川或上海，缓慢或喧嚣，我们之间的通信似乎不仅要跨越空间的经纬线，而且还要穿过严苛的时间的序列。

李苏逻辑混乱的来信，在柜子里被缎带整齐地捆扎成两大包。就像一次严格的考古挖掘，每封信的左下角都被杜丽仔细编上了号。那些信在他精确的时刻表上，固执地向我们要求理解力的秩序。杜丽把它们取出来，一封接一封摊在被子上。1989年，我和杜丽的名字排列成两列纵队，就像一场在少年队与甲级队之间展开的足球赛；接下来的1990年是沮丧和烦躁的一年，问号和感叹号像密集的沙粒，散落在锻炼得粗糙的毛边纸上；然后1991年，来自浅蓝色信笺的简短问候；然后是充满戏剧性的1992年，在电闪雷鸣的幕布下，一个全身甲胄的将军默然而痛苦地注视着演兵场上跌跌爬爬的逃兵，而两排疾驰而过的姓名的行道树渐渐在头顶交错、联结，形成幽深的时空隧道；然后是1993年、1994年……每一个年份都像窗外一闪而过的站牌，残留着风沙磨砺后的擦痕。所有我们被忽略或曲解的文字，现在就沉甸甸地压在床上，变得越来越重，压得我们喘不过气来。

沉默不可避免地卷入我和杜丽的生活。我们面对面坐着，中间却隔着杯子、笔，隔着不祥的空气和整个冬天。我们对于对方来说都是不存在的。而唯一存在的，只是一块墓碑，一张暗淡无光的底片——由于不断重叠、篡改，李苏一丝不苟记录的七年此时已经变成了一团团模糊的色斑。

借助窗帘缝隙间舞动的光尘，我看着杜丽熟睡中天真的姿态、有些变形的脸。她的呼吸里似乎带着隔夜的酸味。我们的婚姻就像两块处于胶合状态的木板，外界的压力越大，就黏合得越紧……我看着墙上镜框里那个年轻莽撞、神气活现的家伙——杜丽在旁边迷惘地微笑着，一脸稚气，比现在更加光彩照人。作为未经授权的保护人，我曾不止一次被她牵拽着，跌跌撞撞，漫步于校园里浪漫的"历史的黄昏"。而林荫道上这条有名的美人鱼身后，始终追随着一个狂热而庞大的捕捞舰队。

杜丽似乎是一种特殊的混合物，诚实和自私，被动的顺从和强词夺理的蛮横，歇斯底里的感伤和现实、庸俗的算计，她蓬勃的欲望和令人叹为观止的精明的手腕……那些奇异而细微的粒子是以何种方式难以置信地排列在她的体内？而当它们急速旋转的时候，那熠熠生辉的多棱镜几乎已经穷尽了几何学的每一种可能。

认识杜丽那会儿，我已临近毕业。一年半后的某天，我把报社的破摩托推进了校医院的住院部——她正从一次未遂的割腕自杀缓过劲儿来，起因是某种我至今不甚了了的或愚蠢或绝望的歇斯底里。第三年夏天，她把铺盖卷搬进了我邋遢的单人宿舍。当天傍晚，她扬起脖子在房间里四处巡视着，看到我书架上凌乱的稿纸，突然惊呼了一声——天哪，她从没有料到，我"竟然也是一个……"——那种懊悔、失望、受欺骗的感觉持续了很长时间才得以释怀。我继续去报社上班，挣钱，写作。而她则去学校图书馆报到——感谢平步青云的吕品器教授，历史系有史以来最年轻的系主任，在一场微妙的难以捉摸的秘密交易（以这个猥琐小人的一贯品行，我敢打赌）后，心血来潮地兑现了他的承诺。不久，杜丽迅速跳槽，去一家保险公司上班，重新如鱼得水地周旋于各种客户之间。

整整五年，我们伤痕累累的婚姻就像一个奇迹，经过一次甚于一次的争吵、恶毒的人身攻击、哭泣和挣扎，却始终安然无恙。似乎在我们生活的开始，已经预设了一根性能优异的弹簧，每当谁试图走出这几十平方，就会被嘣地拽回来。也许，这只不过说明，我们谁都没有勇气对一个失去抵抗的人再踩上一脚。我们越来越频繁地外出，餐馆、舞厅和酒吧迅速成为我们维持生活的润滑剂。在那些地方，我们有时会遇见过去的熟人和朋友——那些年，上海的夜晚似乎就压缩在有限的那几个空气混浊、幽暗密闭的音乐匣子里。在鼎沸的人声中，他们端着酒杯兴高采烈地走过来，心无芥蒂地同我们打招呼，热络地搭着我的肩膀。微微鼓凸的肚子使他们七八年前的尖刻和愤怒变得平和了。或多或少，他们现在都属于在某些方面有点成功的人，成功使他们更加专注自身。偶尔，有人会迟疑地提及李苏，就像说漏了嘴，流露出一种警觉和后悔的神情，眼睛小心翼翼地在我们脸上探询……你们知道了吗？看到我们肯定地点点头，他脸上的肌肉顿时松弛下来，叹息一声。真是太不走运了。是啊，我们干巴巴地附和着。唉，从来没有见过那么不走运的人……

一个周末，我和杜丽去看电影，散场时遇上了吕品器。杜丽，哎，杜丽。隔着三排座位，吕品器拼命挥着手，大声吆喝着，挤过人群来到我们跟前。哎，我最近又查到了一些资料，已经给你整理好了，什么时候过来拿呀？他用一只鸡爪子勾着杜丽的手，亲热地来回晃荡着。我忽然想起杜丽曾经说过："啊，严谨的学者，比起有些不学无术、成天夸夸其谈的人，无疑要可爱得多。"

"呀，真是太巧啦，我正打算下星期去找你呢。"

我瞥了一眼杜丽，她脸上迅速浮现出一层浅薄的红晕。一旦处于一个惬意的三角形顶角，她就仿佛喝下了容颜不老的仙水，退回到热情洋溢的学生时代，依然那么活泼俏皮，容光焕发。她的眼睛渐渐眯起来，随后眉毛蓦地一耸，佯作天真的眼珠顿时处于眼科检查的扩瞳状态。

嗡嗡的嘈杂声里观众渐渐走空，我发现有一个女人孤零零的，站在大堆瓜皮果壳中间。吕品器的妻子，那个可怜的女人始终在不远处尴尬地笑着，两只手不停互相搅动——我还记得她有些胆怯的声音，像垃圾箱边怯生生的猫叫。她似乎拿不定主意是否该走过来，加入我们的谈话，还是该一直后退，远远地退到剧院的角落，退到那块茫然的幕布后面。

不，不用了。我说，我不打算写了。什么？杜丽扭过脸，有些愤怒和疑惑地盯着我。你说……什么？

是的，我改主意了。我没有兴趣——也不愿再面对李苏古怪拙劣、体裁难以归类的文字。那些信似乎还带有他冰凉的体温：不拘成规的字体，涂改的痕迹，汗液或水滴洇染出的墨团。那虚拟的笔尖移动着，随时可能从格子纸的背面突然戳上来。我看到，杜丽那张一分钟前还得意扬扬的脸，像预料的那样，迅速灰暗，僵硬，返回三十岁的皱纹里。无论如何，我不想再续写李苏的历史——我甚至不想再触碰它们。一个人的死最终变成了一个咒语。就在那一分钟，我突然意识到，李苏就是有关我们生活的合理的或不道德的解释。

6

杜丽根据她历史教授开出的书单，匆匆奔走于图书馆和书店之间，从各处汇集的资料堆满了书桌。身为妻子，她对我的性格弱点和要害了如指掌。作为要挟或者说惩罚，杜丽把我的枕头扔进了书房。她的原则就是那些富有同情心的啦啦队员的原则，即永远站在处于劣势的一方。在一切丑陋中，最丑陋的就是自私，杜丽明白无误地告诉我，自私和不能原谅的健忘。如果我拒绝责任，很快就会知道不负责任的后果。

杜丽说的那个可怕的后果就是把我的枕头扔进书房。两个超级小国之间的冷战又一次爆发了，碗筷和杯碟在厨房堆积如山，空荡荡的冰箱仿佛有一场飓风卷过。一天傍晚回家，我意外地发现，屋子已经被勤劳的田螺姑娘收拾得一尘不染。从紧闭的卧室里传来杜丽清脆而又甜蜜的笑声。随后，隔着书房窗户，我看见她阳台上的背影，两只肩膀夹着脑袋，仍在抑制不住的笑声里抽搐着。在这只漂亮的七星瓢虫旁边，吕品器伸长猿猴般的脑袋，冲我友好地龇牙一乐。

吕品器近来就像戳在我肉中的一根软刺，作为杜丽得心应手的道具，在一幕象征剧里代表某种警示信号，每隔一段时间就会被搬出来耀武扬威一番。因为他缺乏足够的威胁性和破坏力，因此又是无害或无伤大雅的，事过境迁之后往往成为交谈中的一个笑柄，经过一番嘲弄和奚落，通常我和杜丽就愉快地言归于好了。趁在厨房择菜的时候，我悄悄问杜丽，野兽先生今天又发表什么高论了（上一次或再上一次，我既讨好又非常猥琐地把杜丽和吕品器比作"美女和野兽"）。或许因为心绪烦躁，看来我今天似乎在一出按部就班上演的谐谑剧中抢拍了。杜丽凶狠地白了我一眼。

清蒸鱼、胡萝卜烧羊肉、河虾和蔬菜色拉外加一瓶红酒，构成了一顿丰盛的晚餐。在饮食习惯上，杜丽早已迅速地上海化了。有时我甚至觉得,她现在比我更像一个土生土长的上海人。杜丽转动着酒杯,各种话题在吊灯下像密集的蛾子盘旋着,按照她期待的那种虚假的亲热气氛,依次降落到餐桌上。她歪着头,向吕品器询问最近的一本热门书,于是一段万历年间处决囚犯的有趣细节就落到光洁的瓷盘边。随后,他们又访问了若干个我不熟悉的人名,他们要么蛰伏在"淫邪的豹房"(我断断续续捕捉到的词语)里,要么正趴在佛罗里达的沙滩上晒太阳。当话题从沈从文的古代服饰研究滑稽而突兀地转到锦江迪生和美美百货时,吕品器不由说起他妻子去商场买衣服闹出的一个笑话。那个暴君后宫里战战兢兢的女人又一次遭逢不幸,被描述成一个刚刚出土的陶俑。简直就是土牛木马。吕品器无可奈何地摇晃着被酒精泡得通红的脑袋——这只纯朴的番茄似乎在一个劲地嚷嚷:把我摘下吧,摘下吧——土,真土。杜丽一边吃吃笑着,一边用两根手指轻轻按着他的手。你不能这样说她,别这样。再这样说我可要生气啦。

晚饭后杜丽去厨房洗碗,吕品器和我留在油迹斑斑的桌边,继续抽烟喝啤酒。

"你知道,'关于历史有什么用'这个命题的关键就在那个'用'上——'用'这个词在此究竟有什么含义呢?"

是啊是啊,我心不在焉地翻着杜丽的杂志,敷衍着。客厅似乎是我和杜丽美学的中和——如果你参观过我们粉红色的卧室。凌乱的装饰柜上展览着杜丽的世界：一组呆板、庸俗的陶瓷十二生肖，大叠时尚杂志，镀银咖啡具，房龙的《人类的艺术》。这个世界还包括数个嵌有杜丽黑白艺术照的镜框和雅尼、肯尼金之类的唱片。

"可能跟进化有关，现在的姑娘们真是越来越漂亮了……"吕品器的脑袋从桌子对面凑过来，对着女模特的肉池腿林啧啧感叹着。随后，话风别扭地一转，又毫无逻辑地回到刚才的话题："有不少人的结论很可笑，那些悲观主义者说历史既没用又不完善，纯粹建立在松软的沙地上。还有人甚至断言历史是有害的。哦，你知道，这些指责，其实不过是为自己的无知做辩解。"

当然，当然，历史的瞬间，用理性和想象连缀的精确的珠串，从他乌黑的、积满烟垢的牙齿里，不断喷涌而出的陈词滥调——什么实证史学、年鉴学派、马克思主义史学观等等术语的积木，显然并非以我为对象。杜丽，忙碌地穿梭在厨房和客厅之间，一会儿拧开电视，一会儿奔向尖叫的水壶，洗涤槽里的杯碟乒乒乓乓响成一团。我不时扭动着脖子。我可以忍受这一切。是啊，有什么大不了的，即使这只唾液横飞的鼹鼠抖着腿，在我的客厅里表演渊博和风度，即使杜丽再次返回踩着鼓点、过节般的豚鼠时代，至少房间里熟悉的秩序感又回来了。

"……刚才杜丽给我看了李苏的笔记，是叫李苏吧？荒唐。"吕品器说,"这就是我刚才说的,以无知作武器的现成例子。实在是有些荒唐。"

或许,我过高地估计了自己的耐心。与其说是吕品器身上志得意满的优越感刺激了我,不如说是由于他心怀鬼胎的"健忘"。这种健忘不仅玷污了一个死者的尊严,也使一场类似于在两个互相憎恶的同案犯之间展开的无聊交谈,增添了一点本来应有的唇枪舌剑的味道。

"呃,我想,你总不至于自作多情到,以为我和杜丽的好朋友突然对吃腐肉的历史研究来了兴致吧?真滑稽,你居然从不怀疑,所谓知识和学问可以增长一个人的智慧。"

吕品器显然对我这轮猝不及防的组合拳有些摸不着头脑,章法渐渐开始散乱起来:"这么说、说吧,无数先贤圣哲都认为,历史学是所有科学中最最……最艰深和困难的……秉笔作史从来不是那么简单的。至于知识和学问,不仅仅是愉悦思想的健身操,同样担负着……"

一旦被他稳住阵脚,那滔滔不绝的浊浪就会反扑过来。"吕先生,原谅我的冒昧,你真的爱——我是说,爱你那个行当吗?那种拿着放大镜,成天纠缠于鸡零狗碎,细枝末节……"我把沉甸甸的、铜版纸印刷的时装杂志扔到桌上,"凭良心说,你是不是真的觉得,你那些论文比女人大腿更来劲?"

好啦好啦,谈什么呢,那么来劲。杜丽换了套衣服走出卧室，笑嘻嘻地把一副玻璃跳棋放到桌上。那些红黄蓝绿的彩色玻璃球从一个个凹槽里蹦出来，在突然沉默的桌面上的溜溜乱滚起来。

7

那叠边角磨损的黑色封面的笔记本，整齐地摞放在灯下："白昼越来越短，街道里，光线早早暗了下来。我的预感变得越来越可怕，危险在逼近，仿佛太阳永不升起；整座城市在恐惧中睁着眼睛，像即将被流沙吞噬的守夜人，凝神屏气，凝望着黑暗深处一触即发的杀戮……"

"沙子，粗粝如一架永不停歇的磨盘，用风干的血浆和碎肉构筑着一部庞杂的、无始无终的巨著。这部作品似乎在期待一个实践者，就像《格萨尔王》等待一个冥冥中注定的歌手……"

李苏的笔记不仅繁芜庞杂，语言也同样颠三倒四，混乱不堪。一些纸页被粗暴地撕掉了，装订线一侧只留下粗糙的毛边，似乎轻轻一抖都会散架。大段的空白频繁地穿插在涂改严重的段落间，成了唯一清晰、规整的部分。每天晚上，我坐在桌前烦躁地抽着烟，徒劳幻想一道神奇的电流会在某个瞬间击中我，把我跟李苏单调、重复的世界完美接通。

"一天，很偶然地，当我用树枝在沙地上潦草地写下七个字:不可战胜的王国——一股巨大的难以遏制的喜悦,瞬间攫获了我。仿佛一切尽在眼前,一切都已经说出……为这个神启的时刻,我已经等待了太久。命运就这样偶然地选中了我,让一个平民的儿子来承继这个不朽的国度。"

我发现,笔记簿上记录得越多,李苏津津乐道的那个朝代距离我们就越遥远。问题恰恰在于,那些笔记和我们已知的历史是一个悖论。它完全不是在真实的层面上展开的,李苏的小说——如果我们获准可以将小说的疆域拓展一千倍——实际上只是一些粗疏、断续的札记,流水账式的记事,随感和白日梦般庞大、荒诞不经的幻想:"……永远存在着两个截然不同的西夏王朝,一个是史书上记载的,一个是匿名但真实的。我们已知的不过是颠倒的镜中物。这是一个建立在沙粒上的王国,一个具体而抽象的王国,像沙粒一样微小,它的疆域又无边无际……"

充其量,李苏不过是一个蹩脚的游吟诗人——尽管他的诗早已随爱情烟消云散。我甚至觉得,他在学生时代那种对绝对的热爱,那种幼稚的顽念,七年来非但没有被琐屑的现实削弱,反而被他身上习惯性的偏执加强了。他精心挑选的词汇表通常大得吓人:真理、死亡、历史、不朽、国家、命运……这些在虚空中频闪的词汇粗暴地剔除了血肉,使他勉为其难的抒情变成了戈壁滩上俯首可拾的嶙峋骨架。就连这种叙述也或多或少带有拙劣的模仿痕迹,譬如关于这个王国最后的崩溃：

"万物皆有生死。朴素的哲学观告诉他们，王朝的衰亡同样不可避免。半个世纪来，他们不断苦思冥想一个地理学上的缺口，一个可以逃离万劫不复的通道……风雨飘摇之际，这个王国疏散了儿童、妇女和青年，焚毁了典籍、学堂、寺院和宗庙。断裂的日晷在宫殿高台上发出巨响。而那些衰老的臣民们坐在幽暗的屋子里，平静地等着蒙古人的马蹄声。黑暗中一支沉默的大军像撒出去的沙子，向四面八方散开，消失在夜幕之中。黎明时分，他们在河流里洗去了亡国的耻辱，换上侵略者的服装，走进陌生的市镇，消失在异族街头的人流中。日复一日，年复一年，繁衍，壮大，已经彻底失去了他们的历史、语言、习俗和种族特征。他们的秘密只存于他们的血液里。而无论时光如何流逝，他们生生不绝，依然是一个湮灭王国的子民……现在，这个无限的王国终于赢得了不朽，无论是瘟疫、战乱、饥荒、时间，再没有什么可以战胜它。"

即使我一开始就认为，作为写作者的李苏和生活中的李苏同样失败，即使入了魔的李苏不过是在挥霍他过剩的精力——他那个在沙丘上草草堆筑的王国摇摇欲坠，似乎一阵微风吹过就会颓然倒塌——李苏的悲伤却是具体而真实的：

"……肮脏的羊群在墓道里慢吞吞移动着，赶羊的老乡们绝望地把鞭子挥得噼啪乱响——谁也不知道它们为什么喜欢这里,几百年来,这里深深的石缝从没有钻出一根青草。……突然,一头离群的小羊朝我颠颠跑来,仆倒在地。邋遢,浑身爬满虱子。它的一只蹄子在尖锐的岩石上磨破了,颤抖着,哞哞哀叫。我弯腰把它抱起来,两只手交叉穿过温湿、黏结的羊毛,闻着那股混杂了腥臊和青草的干涩气息。我感觉到它迥异的心跳,急促,虚弱,羽毛般缥缈……毫无准备地我忽然流下泪来。"

羊是我们共同的属相,他始终认为在那个粗陋而严峻的世界里,这种温驯、柔和的动物担负着安慰灵魂的作用。眼泪慢慢涌上来。哦,虚情假意的眼泪,为所有逝去的、将要逝去的事物流出的眼泪。我疲倦地靠在椅背上,感觉到眼眶里紧绷的压力,那蓄积了多年、想要痛痛快快大哭一场的愿望。这是在一次无可挽回的裁决后流出的迟到的眼泪,这个裁决早在七年前那个轰轰烈烈的夏天就已经做出了。

"我的生活不是尽可能多地占有:更多的钱,回忆录上更多的地点,大地上更多的投影。构成我生活的,不过是一段段空白,更多的空白——我只想用无用来耗尽一生……"

8

那个夏天,那个夏天,当一场节日般旷日持久的狂欢接近它曲终人散的尾声时,死亡张开铁青色的翅膀在漆黑的黄浦江面低低徘徊着,和李苏第一次擦肩而过。有天晚上,我们离开人民广场喧嚣和骚动的人群,来到外滩边的防波墙前——这道低矮、坚厚的墙壁在八十年代,曾经是这个城市局促的、精疲力竭的标志:那些热得空气发黏的夜晚,密集的情侣紧紧挨挤在一起,联结成一头巨大而狭长的水泥寄生物。那天晚上,外滩似乎毫无生气,浑浊的江水无声地向前流淌,发散着吸收了一天的热。昔日海关大楼的钟声在建筑物间激起了一阵沉闷而异乎寻常的波动。突然,李苏像中了邪一样,爬上了齐胸高的防波墙。他摇摇晃晃地试探着走了几步,极其夸张地张开手臂。

"啊,死亡,来吧!"

"你疯了吗?快下来,下来。"

从附近黑漆漆的阴影里迅速奔出一些强壮的年轻人,抓住李苏的手脚,像狂喜的足球队员抛起他们的教练。李苏被一把拽了下来,不由分说按倒在地。

"找死也不看看地方——你他妈到底要干什么?"

"我想去死,"李苏在地上拼命挣扎着,蜷成一团,"放开我——快放开我!让我去死!"

我结结巴巴地向人们解释着。他喝醉了,他得了失心疯,他下个礼拜就要毕业分配去大西北。人们有些狐疑地看着我。他其实是在朗诵一首诗,我垂头丧气地说。哦,围观的人群中有一个声音老练地说,难怪!写诗的都是神经病。

七年后,李苏在札记里一字不差地记录着这记忆犹新的一幕,看热闹的人群,狐疑,还有冷漠的判决——神经病!我们都是神经病!回学校的路上,李苏放肆地狂笑着,笑得连气都喘不上来,哈着腰,一手扶着我,一手擦着眼泪,似乎陶醉于自己逼真的演技和绝妙的恶作剧。

电话机像炉子上煮沸的水壶尖叫起来,催逼似的,急促,不停顿。我只好离开书桌,走过去抓起电话:"真对不起,我只好给你打电话……我不知道究竟该怎么办。我再也忍不下去了……他们……"

对面是一个陌生女人,仿佛有些气急,说起话来断断续续的。那似曾相识的、怯生生的嗓音似乎已经替她做了自我介绍。胆怯的猫叫,那个胆怯的女人似乎依然搓着手,在迷惘中想要远远地退到电影院幕布后面。

哦,谢谢你。我轻轻放下电话。我以为自己至少会有一丝难过,但不知为什么,我只感到如释重负——是啊,杜丽……我该对她说些什么呢?如果我早已猜到,或者我早就在暗暗等待一个休止符。

远远的,从城市另一端,越过几个街区传来外滩沉闷而悠长的汽笛声。从写字楼敞开的窗口,一艘艘繁忙的货轮仿佛木板匆匆搭起的摇摇欲坠的布景,驶入黑暗中粼粼闪烁的水域。那汽笛声似乎在宣告一个年代的终结:虚幻的狂热,一场关于"革命"的集体性癔症,诗歌和爱情的幻觉。而对我来说,这场滑稽的、折磨人的苦役也总算有了一个了结。

我推开稿纸,疲倦地扭过头去。杜丽,这个党项人的后代,靠着门框,脸色煞白;她血管里流淌的野性的血液,早已无可避免地把她引向自己悲剧性的命运——去背叛两个曾经同时深深爱上她的兄弟般的男人。

表　姐

1

那两个穿军装的男女走进来的那个下午,我正趴在窗前的八棱桌上写回家作业。一只苍蝇嗡嗡地贴着铿亮的窗玻璃,在初冬暖洋洋的光线下挣扎着。我歪着脑袋,鼻尖压着冷飕飕的玻璃板,哈出的热气在粉红色封面的练习簿旁边凝成一小摊小水珠。一排歪歪扭扭的铅笔字在不听使唤的米字格里向终点狂奔,最后形成了图画课上那种奇异的透视效果。我叹了口气,不得不用铅笔后面的橡皮头把它们挨个擦掉。

他们提着沉重的旅行袋,在门口犹豫了一会儿,随后,笨重的翻毛皮靴踩上了外面堂屋的橡木地板。朽烂的地板顿时发出一阵吱吱嘎嘎的快活呻吟。他们一左一右,在靠窗的椅子里坐下,摘下帽子,端端正正地放在膝盖上。那个女的笑眯眯地四处打量着,伸手摸摸我的脑袋。而男的似乎感到有些无聊,曲起夹了烟卷的手指,轻轻叩击搁在窗台上晒太阳的金鱼缸。一条肥胖的五彩珍珠懒洋洋地游来,又倏然回头扎进了一蓬乱糟糟的水草里。

傍晚,我和姑姑家的三个表弟推推搡搡地在花园北边的晒台上滚铁环时,他们还待在房间里跟下班的父亲聊天。前几天运来的那些笨重而结实的木箱,仍旧堆在走廊尽头那两间始终上着锁的屋子门口——不止一次,我们怀着好奇和探险的狂热,吃力地攀在摇摇欲坠的窗钩(在吴语里,它有一个非常形象的名称:"摘勾")上,身体悬空,透过窗帘的缝隙朝里张望。屋子里黑乎乎的,什么也看不见。除了竖着黑漆棺材(现在回想起来,那口战战兢兢的棺材就像是六十年代的惊涛骇浪中的一个盲点,在安然无恙地度过了"文革"后终于寿终正寝,被我的一个远房表弟劈成板材,打成了新婚的家具)的恐怖的柴房,那两间空房子无疑是院子里最有刺激性的角落了。一次房管所来翻修紧挨着它们的姑妈家的地板,我偷偷钻进撬开的地板洞,在呛鼻的石灰和灰尘中摸索了半天,结果被潮湿的墙基挡在了外面。

后街里的自行车铃声渐渐密集起来。昏倦的光线下,姑妈在吆喝花园里趾高气扬的鸡群。祖父爬上晃悠悠的梯子,绕着花园里一棵巨大的剪成球形的大叶黄杨,咔嚓咔嚓修剪着新窜出的乱枝。而母亲正牵着流鼻涕的妹妹,穿过遥远的金山公社中学坑洼不平的打谷场,去伙房打水。那年四月,父亲终于从上海调回苏州。很快，再过几个月，蓬头垢面的小叔叔也要从荒凉的农场回到城里。一段匮乏、暗哑的岁月已经在令人不安的团圆中，透出了模糊的光亮。我记得那是 1977 年 11 月上旬，初冬的第一场寒流从井台旁边高大的梧桐树梢上疾速掠过。那天晚上，松木板隔出的饭厅里热气腾腾的。过节用的大圆桌从柴房里抬了出来，摆上了同样过节用的描着金丝的碗碟和红木筷子。一盏新换的白炽灯在剥落、起泡的天花板上轻微晃悠着。漫长的晚饭后，我和表弟们破例没有被大人的呵斥声早早赶进被窝，而是得到允许在漆黑的走廊里任意玩耍。

一扇门被粗暴地推开了，酒气熏天的父亲摇摇晃晃扶着墙，穿过月洞门去花园小便——繁茂的柿子树和梨树下，一个落满枯叶的简易便坑沤着祖父的花肥。光线和一团浓重的烟雾从热烈的门缝里涌出。我看见从东北复员归来的表姑和表姑父眉飞色舞地坐在为他们接风的亲戚们中间。他们是这里匿名的主人，虽然一道树篱按照杂居的住户们混乱的辖制，把花园分割成前后两个部分。而这座围绕花园展开的破败不堪的宅院，实际上早已经收归国有，从他们的物品清单上抹去了。

第二天晚上，那两间令人心驰神往的空屋子迅速变得平淡无奇了：同样装饰有浅蓝色蕨叶图案的暗淡的墙壁，积满灰尘的五斗橱，断了发条的自鸣钟，霉味弥漫的储藏室，几只接榫松脱、快要散架的雕花靠背椅躺在一角,等着它们贪婪的、长翅膀的穷亲戚——白蚂蚁拜访。倒是一对一坐上去就扑哧扑哧直响的皮沙发,让我们乐此不疲地蹦上跳下。随后,我满脸不乐意地被穿军装的表姑夫哈哈大笑着按在膝盖上。茶几上一只沉默的、锈迹斑斑的铁盒子打开了,一块块用花花绿绿的玻璃纸包裹的水果糖被剥开,塞进我们含糊不清的嘴巴。终于,表弟中的那对双胞胎互相打闹了半天之后,疲倦地坐在地板上打起盹来。

2

那两个小男孩,我的远房表弟,是一星期后从上海接来的。小的那个一副羞怯的表情,似乎整天蜷缩在沙发里,默默忍受着做一个隐形人的欲望的煎熬。他化脓的耳朵里塞着药棉,手指据说被严寒冻坏了,像类风湿病关节炎患者那样可怜地虬曲着——很快,他就赢得了一个和他哥哥"神经"异曲同工的绰号"抽筋"。"神经"比我和大表弟小一岁,一脸雀斑,套着一双擦得锃亮的黑皮鞋,神气活现地嚷着叽里呱啦的上海话(他从小被表姑留在上海),在走廊和房间里发疯似的跑来跑去——而喊着口令、噼啪挥舞着军用皮带的表姑父,从那天起已经悄悄潜入了夜晚那些让他鬼哭狼嚎的噩梦。我和三个表弟则是他白天的恶魔。一拥而上,把这个强壮的、营养良好的上海小赤佬掀翻在地，迅速成为我们觉得最刺激的游戏之一。而他则可怜巴巴地蹲在墙角，搜肠刮肚向我们许诺着：(让人垂涎欲滴的）巧克力、酒心巧克力和喝了"肚子会打嗝"的柠檬汽水，得到的却无非是一阵嘲弄的哄笑。除了贪吃这头蠢猪还知道什么？他偷了橱柜里的钱去买药，就为了站在观前街的桥上看那些药片从抖动的瓶子里纷纷坠落。有一年夏天，在表弟们的竭力怂恿下，他居然笨手笨脚地爬上屋顶，去捕捉一只整夜在瓦片下鸣叫的子虚乌有的蟋蟀王。

1977年，上海对于我还是一座像威尼斯——在那些旅游手册里，我们居住的这座密布着肮脏的、成天散发着腐臭味的河道的城市，似乎就像一个喜欢攀附的穷亲戚，习惯于把自己和意大利那座水上城市紧紧拴在一起——那样遥远和令人神往的城市，它意味着旅行中战栗的狂喜、幻想和身体像雨后的竹笋般迅速拔高的愿望。我的表弟，双胞胎中的一个，曾跟随出差的姑父在解放牌卡车的驾驶室内，瞥见了那座神话般"高得让人（抬头）掉帽子"的国际饭店。由于某种原因，这个奇妙的地名在长辈们的交谈中频繁闪烁着——表姐的名字第一次被提及了。

娇憨，任性，被宠坏的独女，琳琅满目的客厅里一件精巧的瓷器，她任性的刁蛮可以算得上是敦厚温和、令人肃然起敬的表伯父品质上的唯一瑕疵。我的表伯父，一位留过洋的机械博士，他留给我的全部印象几乎就是手执一柄放大镜，耳朵上夹着铅笔，像一条虚弱的虫子，伏在那些厚厚的卷心菜般展开的图纸上。如今，他高度近视的双眼几乎全盲了。现在，当我努力想象着我和表姐第一次见面以前那些未知的岁月，一片聚焦的纸页就在放大镜下熊熊燃烧起来。我看见表姐被拄着手杖，步履蹒跚，耳朵里塞着助听器的祖父——我的大爷爷，祖父的长兄，早在三十年代末，他的体面和慷慨就在苏北老家那个至今我未曾踏过的村子里近似神话般流传着——牵着，灵巧的系搭襻的黑色漆皮鞋不停踢起人行道上的落叶。他们沿着熙熙攘攘的南京路不紧不慢地溜达着。天蓝色的蝴蝶结，天蓝色的背带裙和白衬衫，手里捏着一块正在融化的奶油冰砖。她一边心不在焉地舔着冰砖，一边扭头盯着商场橱窗里陈列的洋娃娃。而那乳白色的黏稠的液体，已经顺着印着蓝色竖条纹的撕开了一半的纸盒，流到了黏糊糊的手心。

我怀疑这个形象的真实性，它过于单调，暧昧，浮光掠影。实际上，一张很久以前就压在五斗橱玻璃板下、边角裁出花边的一寸黑白照片（右下角一道椭圆形的弧线，如同东方红卫星美妙的飞行轨迹划过"王开照相馆"），早已将我的一厢情愿暴露无遗了：一个戴着绒线编织帽，臃肿的棉袄外罩着一件格绒外套的小姑娘，抿嘴微笑着，胖乎乎的脸颊上现出两个甜蜜、得意的小酒窝。这张不起眼的，混于台板下那些乱糟糟的票据、记事纸条和家庭合影中的照片,就这样叠印在我不牢靠的回忆上——几个潦草、有力的钢笔字在照片背面慢慢洇开:四周岁留念。落款是 1970 年 3 月。

3

我和表姐第一次见面的场景安排在 1978 年春节。纷纷扬扬的雪片为回忆的起首章节缝缀了一道装饰花边。积雪的白色火焰下,枯树枝不时发出清脆的"噼啪"声。表姐比我大一岁,当时正在读五年制小学的四年级,却明显比我高了整整一个头。一条墨绿色围巾把她的脑袋包裹得严严实实。我注意到,她中筒皮靴上点缀着一圈雪白的羊毛绒翻边。傲慢,沉默,她冷淡的眼神里奇异地混杂着那个年龄的女孩特有的忧郁。那身昂贵但多少有些平庸的装束可能让她十分反感。她似乎并不快活,就像刚和什么人拌过嘴,生满冻疮的手不耐烦地晃动着一只铃鼓——那种铃鼓远远望去很像一顶鲜艳的少数民族花边浅筒帽,可以一边抖动鼓沿上的一串铃铛,一边拍击牛皮鼓面。果然,午饭后她不情愿地左右扭动脖子,在众人稀稀拉拉的掌声里,表演了一段整个寒假都在练习的新疆舞。

由于骤降大雪,所有公共汽车的运行都乱了套。他们下火车以后,被迫在及膝的积雪里"吭哧吭哧"一路步行了将近一个小时，进门的时候已经接近中午了。当他们疲倦不堪地摘下棉帽，帽子夹层里立即冒出了丝丝热气。身体虚弱的表伯父似乎在路上冻感冒了，不时掏出手帕擤着鼻涕，含糊不清的说话里带着浓重的鼻音。而当他转向表姐时，他的声音变得更加迟疑和柔和了，甚至还带有某种商量或恳求的味道。而表伯母——按照老家混乱的、我至今也弄不明白的称谓习惯，我似乎可以一概称呼他们俩"伯伯"——显然要精明和严厉一些。当她说话时，爱闹别扭的表姐只是偶尔在一旁翻翻白眼，却从不敢当面顶撞。

这是他们十年来第一次，出人意料地回苏州过节。表姐跺着脚，她感到冷，她不停抱怨着手脚"被冻僵了"。于是，一只黄铜暖脚炉从床底下的灰尘里被扒拉出来，倒进了烧得红彤彤的木炭，皮靴也迅速换成了一双笨拙可笑但异常暖和的蒲草鞋。二十年后，当我借助表姐的眼睛，越过房间里亲戚们声音模糊的寒暄和闲谈朝外望去，皑皑白雪顿时在宽敞的、钉着铁栅栏的排窗上闪烁起银光。一只冻裂的蓄水缸在天井里发出抗议般的巨响，走廊边晾晒的湿衣服也排成了硬邦邦的战阵，而水门汀晒台上，一个浑身落满煤渣的简陋的雪人歪倒在矮墙上——两个双胞胎表弟刚刚对它实行了枪决。

一场预约的隆重家宴正在厨房里忙碌地准备着。油烟弥漫，铁铲在各家的铁锅上叮当作响。那天下午后来的那段时间，记得我似乎被忙得脚不沾地的母亲撅到了厨房的板凳上做蛋饺。加了煤饼的炉子更加旺盛地燃烧着，贴近蓝色火焰上方颤抖的空气望去，所有的物体都在折射中扭曲。一勺蛋液在美好的回忆中带着"咝咝"轻响在长柄锅里流动，慢慢地合拢，凝固，然后一撮肉酱准确降落在香喷喷的蛋皮中央，折拢，用筷子轻轻把四边按紧，一只蛋饺就扔到了盘子里的蛋饺山上。当我皱着眉，在浓烈的煤气味里扭过头去，一块掰碎的巧克力突然塞进我嘴里。不知什么时候表姐已经跑进厨房，悄悄站在我身后。也可能是表伯母的命令（"快把巧克力分给弟弟们"）。活泼的四环素牙在光线昏暗的厨房里一闪而过，冷风嗖嗖钻进仍在摇晃的门缝，带来走廊里一连串渐渐远去的蹦跳的铃声。

　　傍晚，雪中的打闹又开始了。亮灯的窗口在深蓝色的天幕下，仿佛起伏的波涛上一艘客轮的舷窗。当我和表弟们绕着花园里的树木追逐，积雪从晃动的树枝上像面粉山一样泻落下来。电光炮带着耀眼的弧光在弥漫的硝烟里炸响。一双双雨鞋在雪地里"嘎吱嘎吱"呻吟，有人摔倒了，白痴般咯咯笑着。一个失去准星的雪团越过晒台砸到了玻璃窗上，雪渍替代了表姐受惊的鼻子持久地留在格栅之间。当我们再次把"神经"（因为庇护人的到来重新变得神气活现）摔得七荤八素，她忽然尖叫着从房间里奔出来。一把冰冷的雪不由分说狠狠地塞进了我的脖子，随后我十分惊讶地——舌尖上似乎还残留着几小时前一块巧克力带来的友好的余味——

发现，屁股上已经挨了重重的一脚。她嘴里发出一串低沉而轻蔑的咒骂，一把拽起躺在地上的倒霉蛋，不顾他的苦苦哀求，头也不回地走进了行驶中的轮船。

4

回忆似乎赋予表姐某种奇异的、疏离的力量，当我竭力临摹童年时代保留下来的那张匆忙的速写，一些旋转的碎片就像午夜电视屏幕上闪烁的雪花，拒绝聚合成一个完整连贯的、符合逻辑的形象。所有的频道都切断了。我仿佛再次站在雪片纷飞的花园里，不停地打着哆嗦——冰冷的雪早已在背上融化成涔涔的水流——望着明亮的舷窗上她捉摸不定的剪影，而那艘行驶中的轮船迅速隐入了陌生的黑暗水域，仿佛联系我们的不是血液中与生俱来的亲缘，而是一道始终令人困惑的、难以逾越的障碍。

我们属于从几十年前那个凋敝、萧条的老家开始分叉的两支。从一些零散的、语焉不详的叙述里，我模模糊糊形成了关于动荡不定的人生的最初概念。1948 年前后，上海大爷爷用一匣沉甸甸的金条，买下了这座准备日后颐养天年的花园住宅，而此时祖父在扬州一直苦苦支撑的杂货店，随着大小股东的鸟兽散终于彻底破产了。他两手空空地回到乡下，发现手里仅剩的几张田契也已经随着土改变成了无用的废纸。对于已经习惯城市生活，在乡村感到绝望和无所适从的祖父来说，举家南迁投靠长兄无疑算得上是一个明智的选择。也许，这不过是个平淡乏味，而且多少有些夸张（因为在以后的一段艰难岁月里越来越无足轻重）的解释：穷亲戚的隐忍，小心翼翼，周全的礼数中微妙的疏远——在我记忆中，暴怒的父亲对我最严厉的一次责打，就是因为"神经"报复性的讹诈——是怎样一点点渗入并影响了一个人的童年？或者是回忆中某个灰色时刻，睁着眼睛，躺在祖父旁边，听见一帘之隔的父母叹着气，不断嘟哝短缺的"肉票布票"。越过结霜的窗户，一盏孤独的街灯在围墙上方照着褪色的雕花大床。而一架缝纫机正在单调的"嗒嗒"声中，缝补着裤子膝盖上的破洞。睁着眼睛，竭力抵抗着那道令人不安的黑暗的闸门。随后，似乎就在一段有关表姐的插曲中，童年终于结束了。

此后有五年，我们或许还有过一两次短暂的照面。有一个模糊的印象是表姐和妹妹在晒台上跳绳，红领巾在吃力的跳跃中绕到了背后，像一根从羊角辫上垂下的鲜艳的束发带——我不能肯定。因为在1980年初，我们就搬离了嘈杂、破败的旧城区，全家搬入了位于城市另一头的单元房。有时，在去学校的路上——一边拼命拽着卡在别人腿缝里的书包，一边护着网兜里的饭盒（饭盒里不小心流出的菜汁，时常会在车厢里引起不大不小的纠纷）——儿时那个熟悉的街口偶然会映入拥挤的公共汽车。除了每年一次的礼节性拜访，我们几乎和那里已经没有任何关系。大约半年后，姑姑一家也搬走了。他们狭小的房间即使扩大一倍也实在无法容纳下三个生龙活虎的大小子。

不能肯定的另一个理由是，表姐后来告诉我，她是班里最后一批加入少先队的，因为她娇气、不朴素，因为老师说她喜欢利用小恩小惠不断制造同学间的矛盾。她曾为此十分苦恼。她的零花钱始终不够一下子把班级里四十多个同学全部收买下来。每次她都把事情搞砸了。她确实有些低估了女孩子们的嫉妒心。我猜测，这种情形至多在五年以后就不存在了。我在上海再次见到她时，她胸前早已经别上了团徽（一张照片记录了这枚熠熠生辉的骄傲的徽章）。因为到了十五六岁，早熟的女孩子们可资炫耀的东西显然发生了本质变化。而可怜的表姐戴起了黑框眼镜，从教室后面逐渐挪到了第一排。她似乎停止长个了，过剩的蛋白质在身体各处可怕地堆积起来。只有她那漆黑的长睫毛依旧美丽迷人，在镜子里颤动着，迅速垂落下来遮住忧郁的眼睛。一滴眼泪——可以想象的——慢慢从圆鼓鼓的腮帮上滑落下来。表姐可憎的对手现在无可奈何地变成了（使她陷入深深自卑的）自己的身体。

那年夏天，因为我和妹妹分别顺利地考上了苏州本地最著名的重点中学，家里破例允诺我带妹妹去上海玩上一阵；

又似乎是表姐家的盛情邀请，我不记得了。我们到上海的第一天傍晚，正遇上表姐一次歇斯底里的大发作——某个女同学无意中泄露了她在班级里秘密流传的一个刻薄的绰号：象腿。无论如何，我至今认为这种夸张的比喻都是恶毒的，因为它无非是以盲人摸象——原谅我——的方式，歪曲和毁损着表姐的别样魅力，而这种魅力是不以一时的风尚为转移的。狼藉的客厅里仿佛一场飓风卷过，撕碎的课本和暑假作业撒了一地，一匹油漆剥落的木马兀自在八仙桌下发狂地摇晃着，而一块小黑板躺在茶几下的玻璃碴里，上面令人费解地用粉笔写着"机密图纸"四个字——几天后我才发现，那块无辜的黑板原来被表姐用来预告每天晚上的电视节目。

直到心神不定的晚饭结束，表姐仍然把自己关在房间里，拒绝走下楼梯。大爷爷颤巍巍地坐在沙发里，愤怒的手杖不停跺着地板。焦急万分的伯伯跑上楼，敲着表姐卧室的门，小声地劝解着什么，然后皱着眉回到客厅，唉声叹气地转着圈，嘴里嘟哝一阵，又支起耳朵踢踢踏踏爬上楼。终于，不知道过了多久，伴随落地钟的"当当"乱响，伯母气哼哼地拽着一个叫丁丁的鬈头发女孩回来了。

"跟我有什么关系呢？"丁丁一边走，一边不服气地争辩道，"又不是我编出来的。人家是好心才告诉她。"

"人命关天的事你现在还敢说没关系？"伯母说。

事情的结果是，没等伯伯他们勒令丁丁上楼向表姐赔礼道歉，回音的楼梯上高跟凉鞋"笃笃"的一阵匆忙响动（天花板上摇晃的枝形吊灯也随之发出细碎的叮当声），神采飞扬的表姐轻快地哼着歌，一阵风似的卷进了客厅。

"啊，丁丁。"笑容渐渐凝固了，收缩成额头上几道浅浅的皱纹，她有些惊讶地张开嘴，望着目瞪口呆的人们，"这是做啥？"

5

一座和我的想象迥异的，简朴的石库门房子在正午的烈日中矗立在街巷尽头。一扇半人高的栅栏门分割着门厅里一小块阳光。濡热的风到达客厅时，似乎已经被幽暗的走廊过滤。我趴在铺着草席的地板上，歪着头，挖空心思替表姐写着暑假日记和命题作文——那些缺乏想象力的教师们通常为记叙文设定了一些大同小异的、乏味的标题，诸如"一件难忘的小事"，或者是"参观西郊动物园"。一本绿封皮、边角卷曲的景物描写辞典，代替我家里那本皱巴巴的摘抄簿，在夏天和秋天之间急速翻动："星期天'清晨，当青草和树叶上还滚动着一颗颗晶莹的露珠'，'一轮红日已经从天边的那抹鱼肚白里喷薄而出，将万道金光撒遍了'……"我吁了一口气，啪地合上辞典，垫到酸痛的胳膊肘下，紧接着写下了上午刚刚去过的"鲁迅公园"。

厨房里哗哗的水声停止了。表姐甩着湿漉漉的头发走进客厅。一些凉飕飕的小水珠落在草席上。她舒适地叹息着，坐到一张噼啪呻吟的不情愿的藤椅里。因为每天不厌其烦地洗头，她的头发变成了独特的浅褐色，散发着清爽好闻的香皂和漂白粉的气味。笸篮里一块织了小半的台布被心不在焉地拾起来，钩针笨拙地在一个个小孔里穿梭往来，随后是一声小小的惊呼和一阵翻箱倒柜的忙碌——手指扎破了。

等彻底吹干的长发被表姐用白手绢重新扎成了蓬松的马尾巴，妹妹也睡眼惺忪地走下楼梯，她通红的脸上还残留着枕席粗糙的印迹。下午无精打采的漫游又开始了。光秃秃的大街酷热难当，我们两只脚踩在晒得发软的柏油路上，似乎陷入一片火海。表姐捏着一只有些可笑的红色腰果形钱包——在热得头昏脑涨的路人眼里，无异于血淋淋的肾脏——不停挥舞着手绢，似乎怀着一种带我们穷尽上海每一个角落的莫名的狂热，漫无目的地在火焰里艰难跋涉着。她那份固执劲儿和随时可能被街道里的新鲜事物（一张撕掉了一半的舞蹈演出海报，或者是商场橱窗里的夏季陈列）诱发的好奇心造成了一种奇怪的错觉，似乎是我们疲惫不堪地在为一个兴致勃勃的外地乡巴佬导游。

终于，酷刑暂停了：我们被领进一家闹哄哄的冷饮店。刨冰和橘子汽水带着"咝咝"轻响灌进火烧火燎的喉咙。没等我们在椅子里喘上口气，表姐突然低叫一声，推开玻璃门,一下蹿过马路,像块融化的冰糕在熙熙攘攘的人群里消失了。半个多小时后,当我和妹妹满头大汗,终于在一家琴行找到表姐时,她正用颤抖的手指恋恋不舍地抚摸着一架昂贵的三角钢琴。"多漂亮啊!"她眼睛发亮,吧嗒着嘴,含含糊糊地赞叹着,"真是太漂亮了!"

6

丁丁,那个活泼的、穿着蓝条纹水兵服的鬈发少女,似乎是表姐那段时间唯一可以信赖的好朋友。不止一次,当同样精疲力竭的表姐领着我们,踮起脚尖站在人行道路牙上,迷惘地思忖了半天,最后还是把漫长的游荡的终点定在丁丁家狭窄的阁楼上。

叽叽喳喳的上海话——表姐和丁丁的脑袋只要凑到一起,顿时就像鸟笼里两只不停扑腾翅膀的、快活的麻雀,而通向这只鸟笼的,是一截摇摇欲坠的朽烂的楼梯。一群肮脏的鸽子仿佛在我随手拈起的比喻的召唤下,在屋顶上若无其事地咕咕叫着,叠摞的瓦片和弄堂里横七竖八晾晒的衣服上溅落着斑斑鸟粪。丁丁的父亲,一个竹竿般又瘦又高的鸽迷,在一伙怒气冲冲的老年妇女的围攻下疲于招架,只好代替肇事者尴尬地赔着笑脸,把自己一点点变成弓腰曲背的大虾。

怨愤的窗户"砰"地关上了,随即又恶作剧般打开,一架城砖般厚重的单声道放音机在乱糟糟的写字台上缓缓转动起来:"甜蜜蜜,你笑得甜蜜蜜,好像花儿开在春风里……啊,在梦里,梦里梦里见过你……"邓丽君圆润的、有些甜腻的嗓音,带着一种小心翼翼的温和的冒犯,悄然钻入不隔音的板壁和阵阵发痒的耳膜。那种炽热的曼声低吟,那种切分音不安分的跳荡,那种禁忌的刺激,宛如一只着了魔的云雀笔直地没入天边火一般的云朵。我微微涨红着脸,有些紧张地左右张望着。

"这就是人家说的黄色歌曲吧?"我悄悄拽了拽表姐。而后者正惬意地歪着身子斜躺在床上,两只淡黄色的脚后跟并在一起,在床沿上来回晃悠着。

"咦,这小赤佬还懂什么叫黄色。"丁丁咯咯笑着,在我胳膊上用力拧了一下。

我发现,丁丁的那头鬈发是天生的,而不像邻居家那些女孩以前用烧红的火钳卷出的那种,那种简陋、原始的烫发往往又枯又黄,通常还散发着一股难闻的焦煳味。这个瘦削、热情、胸脯在棉布碎花睡裙里异常丰满的女孩似乎稍微有一点神经质,我们盘腿坐在她那张拥挤的单人床上打扑克(我们在丁丁家固定的节目)的时候,每次当我用王牌把她的牌压住,她嘴里就会冒出一阵鸽子般咕咕的低叫,上嘴唇颤动着,无缘无故在我身上狠狠拧上一把。尽管我不时躲闪,嚅嗫着提出抗议,几圈牌过后胳膊和小腿还是会留下十几处难堪的瘀青。

伯伯和伯母似乎并不喜欢表姐跟丁丁交往。一天的工作后,他们疲倦地坐在饭桌边,还不得不强抑烦躁,耐心地听着表姐那些滔滔不绝的、散乱的独白——来自学校的被一再夸大的压力,一天的流水账以及关于零花钱的讨价还价等。关于那些令人不安的严肃的晚餐我还有什么可说的?电扇叶片的阴影缓缓掠过洁白的桌布(一把亮晶晶的勺子就位于那个旋转的十字架中心),精致的杯碟闪烁着柔和的光泽,菜式繁多然而每样都可怜得只能勉强遮盖盆底——所有的一切似乎都更像是一种缓慢而困倦的仪式,跟我们的饥肠辘辘作对。在这种气氛下,甚至连表姐连贯、响亮的嗓音都包含了某种寂静的成分,把我们紧张的注意力引向滴答的座钟、轻微的咀嚼声和餐具偶尔的碰撞声。丁丁的名字不由自主地从表姐嘴里漏了出来。微妙的平衡被破坏了。伯母用筷子轻轻敲了敲碗。"吃饭的时候不要说话,"她皱着眉低声说道,"越来越没规矩了。"于是,表姐噘起嘴,把求助的目光投向祖父。而沉默的大爷爷此时似乎正被一个鱼丸所吸引,艰难地和新换的假牙斗争着。

唉,表姐。要我怎么说才好呢?她的青春期癫痫似乎把身边的每个人都弄得一惊一乍。有天深夜我们在天井里乘凉,一边闲聊着什么,表姐突然支起身,像是经过了反复斟酌,表情严肃地问我,每个人骨子里都是非常自私的——你不觉得我们个个都十分恶心吗？她叹息着，活着有什么意思。一阵巨大而幼稚的忧虑，顿时把我的细胳膊腿压垮了。各种愚蠢的、战战兢兢的理由被滑稽地搬了出来。我结结巴巴然而异常热切地说着，说着——表姐忽然打断我，镜片闪烁着：你收到过情书吗？我困窘地摇摇头。恰恰相反，我老老实实地告诉她，初二的时候有个女同学曾经板着脸，把一张纸条塞进我书包，因为听到某种谣传，她在纸条上郑重声明，她甚至从没注意过我一眼。"笨蛋！"表姐说。似乎就为了让我为几分钟前唾沫飞扬的可笑演讲羞愧万分，她抑制不住地咯咯大笑起来。

一小时后，妹妹发现无人理会的表姐正躲在卧室哭哭啼啼。哭泣着，肩膀急遽颤抖，那悲伤的、拼命抑制的呜咽似乎早已潜伏在她绝望的体内。"势利鬼！"她在梳妆台前抽噎着，抓起梳子使劲拉扯着头发。"哼，每次……都……是这样……一群势利鬼！"我不知所措地站在门槛上，等着镜子里某根无形的指挥棒，在表姐的斑斑泪痕上画下一个休止符。"但是，但是我也不太喜欢丁丁——我觉得她有些……"我挠着头说。

真的吗？你真的是这样想吗？第二天，表姐狡黠地眨着眼睛。但是，我觉得丁丁倒蛮喜欢你的呢。表姐开始暗中怂恿我追求丁丁。难道她长得还不算漂亮吗？一个匆忙而混乱的下午，表姐突然提议叫上丁丁去看电影。当我们摸着黑匆忙走进电影院时,发现恰巧是一个暑假学生专场。电影已经开始了一小半,周围不时传来女孩们的尖叫和变声期男孩的呵呵傻笑。闪烁的银幕上,一个缠着绷带的无比英勇的士兵正滚向雷区。没等我进入剧情,表姐又悄悄凑近我耳边追问道:

"你老实说,究竟对丁丁身上哪点不满意?"

我嚅嗫着,极力搜寻着一个得体而婉转的理由。"好像瘦了一点吧……"终于,我自以为老练地说。

就像迅速吞下了一颗笑药,表姐放肆地在座位里乐成一团。"喂,丁丁,"她喘息着,嚷道,下巴颏抵着我肩膀,"有人说你太瘦啦。"

7

我的懵懂不是装的,亲爱的表姐。那些战栗的、血液狂奔的瞬间还仅仅停留在学校图书馆成排破旧的开架书甲——那个一知半解的夏天,我对于爱情的全部想象力不过是几个有限的画面:林务官的女儿冬妮娅,梯子上的于连,或者是格里高力横马拦住阿克西妮娅——关于我生活之书的那个正在远远奔来的奇妙的初恋章节,还要在两年以后,某个小巧玲珑、爱皱鼻子的女孩出现,才得以真正展开,而那已经属于另一个故事了。

然而，那个匆忙而混乱的夏天的傍晚，我似乎已经速成了：一个倏忽、猝不及防、短促的吻，一次潮湿而灼热的轻触，纷乱而涡卷的黑色花环，和一张突然逼近过来的、睫毛神经质眨动的脸——随后是在外滩灰蒙蒙的人流中，一串永远消逝的铃铛般清脆的浅笑。当表姐手里挥舞着那只泻了肚的钱包——重新变得胀鼓鼓的——拉着妹妹走出伯父上班的办公大楼时，我正独自愣怔着，近乎被麻醉，靠在门口巨大而严肃的罗马石柱上。海关大楼的钟声在明亮的暮色中回荡，就像一个压迫在大脑上的吻造成的一波波扩散的涟漪。那梦幻般的平缓的波纹持久地装饰着外滩的堤岸，渐渐变得疲倦乏力，稀松平常。

我至今仍不明白，那是表姐蓄意的安排，还是丁丁临别前——她知道这是她最后一次谢幕吗？——无谓而慷慨的馈赠。也许那不过是我神思恍惚间的幻想，或者是一片飘悠的雨丝的轻拂造成的错觉。一个多月后，当我在信上问及丁丁，表姐回信说已经和她彻底断交了——没有任何理由，只有几个轻蔑而颇有意味的感叹词："呀，那个丁丁啊……"

我再没有见过丁丁。

8

纤弱的、密密麻麻的字迹，蜘蛛网般牵扯在一起。最后签名的一竖带着不情愿的任性，拖泥带水地划过了两格。纯蓝墨水和带花边的信笺（一个洋娃娃般的女孩歪着脑袋，站在信笺左下角）奇异地混合了羞怯、肤浅和稚气——半个多月后，我兴冲冲地拿着入学通知书去学校高中部报到时，表姐的第一封信已经在传达室里等我好几天了。我们断断续续的通信维持了一年多时间，直到因为迫在眉睫的高考以及某种令人困惑的阻挠而终止。

表姐那些信封上开了天窗（邮票被剪去了）的信，和我跟其他一些女孩子含义暧昧的通信始终散乱地堆在储藏室的一个铁皮箱里，直到大学二年级暑假，我才把它们全部付之一炬——现在想起它们，我仍然会为当初的愚蠢和幼稚感到脸红，即使发信时的虔诚和等待的焦灼在记忆中是那样熟悉和确凿——啊，那颗从图书馆书架上嫁接来的"多愁善感"的脑袋，究竟曾在光滑的纸片上投下过怎样可笑的影子？

相形之下，表姐的来信无疑朴实、亲切得多。它们要么充满了通俗的警句（譬如"交朋友要交知心朋友，不能交酒肉朋友"），要么是狂热而欣喜的预言——她毫无根据地认定，我以后会成为一个"摇笔杆子的作家"。在对一大堆亲戚们啰啰唆唆的问候之后，有一次，表姐在信上告诉我，黎明不是我写的那种鱼肚白——鱼肚白究竟是什么白呢？她写道，那是一种像蚌壳那样灰蒙蒙的蓝色。有段时间，她越来越热衷于每天清早在两只闹钟固执的铃声里,睡眼惺忪地爬起来,跟随祖父去公园晨练——因为,她已经发现"每个黎明都是独一无二的"。她费劲地向我描绘着日出前光线每一种奇妙的变化,每一朵云彩变幻莫测的形状:"今天清早,云朵们一开始有点像一条拖鼻涕的小狗",她这样写道,"后来就慢慢变成了一堆堆着火的卷羊毛"。而所有这些都会对我以后的写作有所帮助,她始终相信这一点,哪怕只是那么"微小的一丁点帮助"。

每封信里都夹寄了一份小礼物:一张漂染成红色的叶脉书签,"内容深刻"的剪报,或者是几套崭新的邮票——知道我在集邮后,她几乎每封信里都会塞上两三套邮票,那些邮票两年后大部分被我送给了曾经追求过的一个女同学——但愿她仍把这些不起眼的礼物妥善珍藏,可能它们现在已经价值不菲。还有一次,表姐通过邮局寄来一本边角卷曲的旧科普书《看云识天气》,是她在同学家偶然发现的。扉页上的"毛主席语录"下面写着:"虽然是傍晚的云,但仍然有借鉴意义。"天哪!表姐究竟要我成为的是一个什么样的"作家"?某种程度上,表姐达到目的了:日后那些和我通信的女孩会发现,她们的笔友无疑是一个黎明即起,异常勤奋的家伙。即使现在,我只要稍微朝窗口探探脑袋,仍可以像一个裤管挽到膝盖的乡村气象员,轻松地预测那些宝塔云、钩卷云、鱼鳞云、破絮云和火烧云昭示的不同天气。

得知我在和表姐通信后，母亲隐晦地表达了她的不满。你这样不怕影响人家学习吗？她含含糊糊地说。我发现，母亲脸上的积雨云随着表姐频繁的来信（因为寄到学校的信经常丢失，表姐后来把信改寄到了家里），不断飘移积聚着。写字台唯一上锁的抽屉被巧妙地翻动过了，而表姐的一封封来信渐渐地不是通过信箱，而是经母亲的手——伴随着某种意味深长的眼神——递到我手里。就是写信也不用几天一封啊，母亲终于沉着脸说。两本集邮册被勒令寄回上海——又迅速被退了回来。表姐用教育的口吻生气地写道，一个人要有志气，有主见——我希望我们能成为知心朋友，而不是像丁丁那种没有骨气、没有理想的庸俗的白相朋友。

一场笔墨官司似乎不可避免地展开了。某个热心肠的隐形邮递员在我们之间忙乱地调解着，却总是笨手笨脚地踩不准节拍：我怒气冲冲的信刚发出，表姐的讲和信就到了；而没等我收回上一封信里的过激之辞，表姐变本加厉的质问已经铺天盖地扑来。我们就像两个情绪阴晴莫测的险恶小人，一会儿在纸上画一个冷淡的句号，宣布彻底绝交；一会儿又喋喋不休地自我检讨，宽宏大量地表示和解。等这团夹缠不清的乱麻逐渐理顺，表姐信上那种习惯的讥讽和嘲弄的语调却无法改变了。"高才生"或者"妈妈的小绵羊"之类恶意的绰号替代了我的小名；她嘴角含着残忍的微笑，锋利的笔尖带着血淋淋的"复仇"的快意，"无情地戳穿了"笼罩在我们之间的"虚假的友好关系"——因为她渴望的那种温暖、愉快，令人留恋的友谊其实从没有真实存在过，不过发生在她"一厢情愿的想象里"。

是的，她对我非常失望。"非常非常失望"：一个扶不起的阿斗。随后，就在表姐十二月的生日那天，我们之间那盏渐渐暗淡下去的灯火似乎被不经意地拨亮了，她颇有风度地来信谅解了我以往的"小家子气"。随后，是1984年寒假——不管我如何躲闪回避，还是不可避免地来到了。

9

我发现，我和表姐的见面总是被习惯地置于两个极端的月份：二月或八月，严寒或酷暑。仿佛只有在自然的严酷拷问下，事物才有可能暴露出被隐匿或被忽视的一面。或许就因为畏惧，在我不自觉的躲闪和迟疑中，记忆中侥幸留存的部分正以某种伤害的方式呈现——它就像五年前天井里那只冻裂的蓄水缸，发出一声清脆的巨响。

布景上飘浮的大朵云团被道具员娴熟地降落到地面，汗流浃背的演员们在后台匆忙地套上冬装。我看见表姐不停点着头，坐在热气腾腾的砂锅前，咀嚼的嘴里含糊不清地一个劲儿奉承着母亲的厨艺。"好的，啊好的。"我看见她紧张地点着头，哆哆嗦嗦的筷子在桌面上逡巡着，似乎在找到下一句新奇的赞叹之前，决不会轻易下箸。她左手紧紧捏着一块散发着浓郁香水味的手帕。每当她浅笑的时候，那块须臾不离的手帕便巧妙地掩住了微微咧开的嘴角。几个月前，她摇摇摆摆地从借来的自行车上摔了下来，磕掉了半颗门牙——在某封措辞恶毒的信上，我曾祝贺她终于有机会去镶一颗金牙。所有涉及身体协调性和平衡能力的运动，对她都意味着一场灾难，比如她永远也学不会骑自行车。在获准来苏州过年的短短一个多星期里，她每天都冒着凛冽寒风，乘公共汽车（有时候干脆步行），穿过大半个城市来我家。无论从哪个方面看，这都近似于毫无意义的自我折磨，而当她气喘吁吁地到达我家后，这场折磨甚至才刚刚开始。在她身后，寸步不离的"神经"就像一个忠实的保镖，跟跟跄跄地贴着结冰的地面滑行着。

我从小喜欢睡懒觉，至今仍为那些偶尔在早晨逼迫我起床的各种令人烦忧的琐事痛苦不已。那些寒冷、迟钝的早晨，当我不情愿地被母亲从热被窝里拽出来，趿拉着鞋，打着哈欠，心情极端恶劣地走进客厅，常常发现黎明即起的表姐早已经有些腼腆地坐在了沙发里：两只手恭敬地搁在膝盖上，冻得通红的脸一反常态，流露出一副羞怯，甚至有些讨好的神情。而倍感无聊的妹妹正拽着"神经"，趴在饭桌上下着跳棋，她不时从棋盘上抬起眼睛，疑惑地窥测着突然变得陌生的表姐，试图发现关于原先那个（现在被巧妙掩饰的）任性骄横、不拘小节的形象的蛛丝马迹。而祖父闭着眼，似乎还沉浸在被表姐勾起的杂沓、散漫的回忆中，随后又慢慢被拖回接踵而至的困倦，身体歪在藤椅里打起盹来。

一束阳光穿过蒙着水气的模糊的玻璃窗——最下面的那一排玻璃被顽皮的妹妹勾勒了一组由"懒虫"字样构成的装饰纹样——把一团灰白的光斑投向茶几上堆成小山的红色果盘。那年冬天，表姐穿着一件色彩斑斓的织锦缎棉袄，鼓鼓囊囊的胸部上缠绕的金色丝线闪着光，脑袋在立领外面粗毛线编织的、发出一阵阵刺痒的领圈里烦躁地扭动，同时，那对美丽的长睫毛也因为困窘不停眨动起来。她字斟句酌，有些结结巴巴地回答着父亲的提问，而后者正坐在长沙发的另一端，手里捏着一只剥开的橘子，耐心地注视着她开始冒汗的鼻尖。

也许，表姐这个扭扭捏捏、看似滑稽的形象，并非完全出自她惯用的那些聪明的小手腕，而是——就像她后来说的那样——因为"喜欢我们家的气氛"。哦，就是她从小向往的那种温暖的、轻松愉快的、乱糟糟的过日子气氛，她叹息道。尽管置身于这种"轻松、杂乱的气氛"，她神情里却看不出有丝毫舒适自如的成分。在礼节性的寒暄中隐含的疏远始终像一缕混浊的气息，在门窗紧闭的室内若隐若现，而表姐那种拘谨和紧张，我发现，甚至已经像灵敏的病毒一样迅速传染到自己身上：要么说话声音在夸张的热切中陡然升高，响亮得让自己吃惊,要么东磕西绊像置身于陌生房间的盲人,不是摔碎了盘子就是撞翻了板凳,或者是因为某个老掉牙的笑话,在饭桌上不停地哈哈傻笑,搞得连讲笑话的父亲也摸不着头脑,反而重新陷入困惑的沉默中。唉,我这个初出茅庐的调音师,非但没有使这架结构复杂、令人费解的机器奏出和谐、欢快的乐曲,反倒笨手笨脚地制造出一大堆刺耳的杂音。

而母亲探询的目光带着一种令人不舒服的逼迫感,好笑然而固执地追踪着我们在屋子各处的一举一动。她那种不信任的窥测,那种无谓(但可以理解)的担心,那种茫然,始终控制在适度的微笑和厨房里热情的忙碌下——除了仅有的那一次。那天傍晚,我和表姐趴在阳台栏杆上,我可能正指点着西边一片绚烂的晚霞,向表姐炫耀自己贫乏的气象小知识(关于那些一知半解的"高空卷积云"之类),记不起为什么表姐突然嬉笑着凑到我耳边,说了句悄悄话——完全是因为角度关系,或者疲劳的视觉发生了小小的偏差,阳台左侧父母房间的窗子突然"砰"的一声推开了,母亲探出头,表情严厉地把我叫进卧室。"我不喜欢你们刚才的样子。"她嗓门压得低低的,嘴唇颤抖着,神情焦急而痛苦地坐在床沿。而我硬着头皮站在床前,望着蹙额垂首的母亲,为了表明自己的无辜,差点就把某个女同学招供出来——那个身材娇小的邮差每天放学前,都要把一封他人无法截获的信件安全地投进我的书包。

我发现，这段记忆似乎与积雪和屋檐下的冰凌结成了同盟，执拗地把我们禁锢在尴尬的室内。然而，我分明看见，一座座萧瑟的园林和寺院像公园里的溜冰人，从模糊的窗口迅速掠过——尽管变形在叙述中几乎是不可避免的，我仍必须时时小心其中夸张的成分。不，那个冬天我们（我、表姐、妹妹还有"神经"）还是享有了充分的自由，在那些鸟笼般精巧的园林里（曲折的回廊、池塘、太湖石堆砌的假山和镂空的花窗构成了一个平庸的人造迷宫），或者是在东园结冰的湖上，瑟缩地坐在狭窄的游船上，双桨艰难地击碎湖面的薄冰。寒冷几乎穿透了屁股下濡湿的棉裤，而从远处的动物园里，伴随着野兽们无力的嘶吼，飘来阵阵腥臊的气息。

那些东游西逛的下午，寒冷成了我们最大的敌人。当我们不得不从温暖的室内转移到冷清、孤寂的街巷——尽管我本可以为这幅糟糕的画面安排一只懒洋洋飘过的彩色气球，或者是几枝探出院墙的蜡梅，但是某种我们尚未意识到的病态的伤感，已经在积雪下的石缝中顽强地生长着。兴味索然的表姐揣着热水袋，冻得发青的脸层层叠叠地裹在围巾和口罩里（类似于脖颈上一堆怪异的赘肉）。妹妹的中筒橡胶套鞋里灌进了碎雪，噘着嘴，毫不掩饰她的厌倦，似乎仅仅出于礼貌才勉强无精打采地跟在后面。寒冷也为延续到户外的沉闷气氛提供了一个开脱的理由——除了依然兴致勃勃的"神经"。过剩的精力足以使他把每次雪地里一声不吭的行军，视为富有刺激性的冒险。

似乎是为了对恶劣的气候作最后一次抵抗，心事重重的表姐曾绝望地策划了一次远征，目的地是距离市区约30公里的邓尉山。那确实就像是一次远征：在日出之前冻得硬邦邦的、泥泞的乡村公路，蜗牛般爬行的郊区车，稀疏的枯枝和田野上未融化的单调的雪。而当我们在肮脏的长途汽车站会合时，灰蓝色的天幕上甚至还挂着一轮清澈的上弦月。太阳，在冷淡的抱怨声中终于出来了，把一丝暖意透进破旧的车厢；当它胆怯地渐渐爬高，又重新变得虚弱无力起来。突然，一辆卡车从对面飞驶而过，卷起的泥浆和雪沫飞溅到了车窗上。随后，两侧山坡上密匝匝的梅树涌进了车窗，田野和树枝上的残雪开始不停闪烁起来。

泥泞的道路尽头，浩渺的太湖反射着粼粼波光。我们的额头和鼻尖开始沁出细汗，摘下的棉帽手套和围巾把背包塞得鼓鼓囊囊，爬山前紧密的队形似乎也被熹暖的阳光打散了。当我沿着平缓的石阶飞快行走一段后，发现只剩下表姐一个人还吭哧吭哧喘着气，吃力地跟在后面。她痛苦不堪地佝着背，一手叉腰，一手抚着剧烈起伏的胸口，呼出的热气在眼镜片上形成了一层模糊的细密水气。随后，"神经"突然从左边低矮茂密的树丛蹿了出来，又在一阵快活的大呼小叫中滑下了右侧的斜坡……我向来引以为豪的记忆，就在这里发生了小小的短路：我还记得妹妹挂在脖子上的那架笨重的双镜头照相机，洗得发白的旧军用背包，腰间不断颠动的水壶（里面灌满的热茶早已冰凉），以及斜刺里跑出的"神经"——但后来的情形究竟如何呢？

　　遗忘的雪花飞扬着，抹去了作为背景的山坡、坡上的寺院、虬曲的梅枝以及闪烁不停的湖泊，甚至也抹去了浮动的色彩和声音，只保留一条狭窄的细缝——仿佛天鹅绒大幕已经拉上，只剩下跟幕员的一只手（一个小小的破绽）在追光灯下，持久地停留在那里：灼热、结实、汗津津的小手，五根短而肉嘟嘟的手指收拢，用力钳紧，固执地坚持让这一幕继续。当我把疲惫不堪的表姐拽上一块陡峭的岩石，我的手便像被粘蝇纸粘住的飞虫，再也无法挣脱了。直到我们沿着潮湿的砾石路走进山下幽冥中的小镇，她仍然要我牵着——否则就赌气地蹲在原地不动——准确地说，是我尴尬的手，被表姐沉默却坚定地紧攥着，虽然在不堪重负的高跟鞋的刁难下，她确实开始一瘸一拐了。她的上身不情愿地朝后仰着，而当我急于沿着墙根，慌乱而飞快地朝汽车站走去，那只热烘烘的、因汗湿而变得格外黏腻的手似乎负载了表姐全身的重量。

　　黄昏带着彻骨寒意挤进了身体，街道尽头的汽车站已经亮起灯。我又累又饿，湿透的内衣极不舒服地紧贴在皮肤上。暮色里，一些骑自行车经过的菜贩（车后架一边捆着一只空箩筐）嬉笑着越过我们，又不时扭头幸灾乐祸地朝我张望，脸上露出一副古怪而好奇的神情。是的，我难堪地低着头，情绪糟糕到了极点，不仅因为被迫和表姐手拉着手，而且强烈地意识到表姐模样可笑，又矮又胖。我窘得满脸通红。

10

一个枯燥乏味的假期就要过去了——想想吧，它距离我们儿时憧憬的节日已经有多远？然而，表姐回上海的日程却一再延宕着。她萎靡不振地在苏州待到了元宵节，越来越沉默，情绪也越来越恶劣、烦躁。或许，亲戚们纷纷猜测着，是因为想到了迫在眉睫的折磨人的高考？她莫名其妙地和"神经"闹翻了。在表姐终于决定离开苏州的前一天傍晚，我硬着头皮骑自行车去老宅跟她道别，发现她已经在房间里独自闷坐了整整一天。

表姐暂住的那个狭长的房间，就是我们搬走后腾出来的那间。房间内的一切都显得简陋而昏暗：一些纸板箱之类的什物杂乱地堆放在结着蜘蛛网的墙角，正中是一张锈迹斑斑的单人铁架床，窗下摆着一张权作写字台的条案和一把磨损的丝绒靠椅。嘎吱作响的磨损的地板似乎还残留着我童年时代的印迹（上面那些油漆完好、光滑的几何图形，依稀标注出以前家具摆放的位置)。朝南的窗户正对着水井和一个弧形的爬满青苔的花坛，一些枯萎的藤蔓黑黝黝的，在窗口晃荡。不可避免的，一种怀旧和伤感的气氛在因为空旷而显得更加阴冷、潮湿的房间里慢慢弥漫开来，并使我们断断续续的交谈笼罩在愈加朦胧而困惑的黄昏里。表姐低着头，翻来覆去摆弄着一本外语课本——我忘了说，表姐那口有着家学渊源的纯正、漂亮悦耳的英语，是对她差强人意的成绩单的最好补偿。而那本翻来覆去的外语书似乎造成了某种错觉，即我们之所以如此木讷、结巴，完全因为这是一堂令人挠头的英语会话课。

也许为了急于打破房间里沉闷的气氛，又或者是竭力想对一段看似无谓、其实弥足珍贵的友情拿出一点可怜的报酬，一个秘密被我愚蠢地泄露了出来。是的，早在跟表姐认识以前，我就不止一次从长辈们的闲谈里得悉了这个多少有些残酷的秘密：任性、骄纵的表姐是领养的。只有此刻，我才意识到缄默包含着多大的仁慈。事实证明，更为残忍无知的是我，竟然不可饶恕地把伯伯的掌上明珠重新带回到某只蝇蛆乱舞的垃圾箱前，那里，一个裹在褴褛里的婴儿正无助地啼哭着。就在一阵巨大的懊悔涌来之前——不，应该说我立即就被自己说出的话惊呆了！仿佛刚才那个含含糊糊、迟疑的声音，不是出自我可恼而幼稚的胸腔，而是善于作弄人的命运在一旁发出的尖而细的咝咝冷笑。那不断翻滚的焦虑和担心，甚至使我在靠椅里绝望地瑟瑟发抖起来。

表姐坐在床沿上愣怔地望着我，平静的脸灰暗而严肃："原来你都知道了——那你准备怎么办？"

"什么怎么办？"我生着自己的气，莫名其妙地望着她。

"你说，你说嘛。"表姐低下头，胸部剧烈起伏着，几乎要哭出来了。

我的忧虑被证实是不必要的。某个热心肠的邻居或许认为隐瞒对已经成年的表姐有失公允，早在几年前就轻率地打开了这个被亲戚们战战兢兢捂了十几年的沉默的匣子。然而，从表姐急促的喘息声里，我隐约感到，那无形的、难以躲避的压力仍在一点点逼近。秘密似乎依旧存在，除了保密的对象已经悄悄进行了置换。我紧张而害怕地岔开话。

"我、我走了……"我双手撑着膝盖站起来，有些迟疑地说。在地板嘎吱的呻吟中，似乎传来一声"咔嗒"的轻响。

直到我梦游般摇摇摆摆地离开房间，表姐始终垂着头（脖颈仿佛畏寒一样缩在耸起的肩膀里），一言不发地坐在床沿上，手里紧紧攥着那册英语课本。以后每当我回忆起表姐时，脑海里就会迅速浮现出这个被我最后一瞥——如果相对于某种热切、无望，包含着种种混乱而美好的信息的关系而言，那是否可以称之为最后一瞥？——所保留下来的凝固不动的形象：悲伤，沉默，紧张的身体仿佛想从围裹着她的严寒中挣脱出来。尽管在这个过去的形象里，表姐不过是在为

"过去"暗自悲伤。关于这个"过去",我究竟掺杂了多少荒谬的想象和无稽的臆测!而就在表姐闪烁的镜片、眼泪和生满冻疮的红肿的手指下,又隐藏了多少更接近于她本质的事物。在飞快流逝的时间里,就连这个漂浮不定的形象也开始了逃遁。因为说到底,留在我们记忆中的,不过是上一次回忆所凝聚成的影像,这种更迭复合注定使回忆以惯常的刻板、凝固的画面,掩盖了底片上最初朦胧闪动的部分……

此后,我至少还跟表姐见过两面。其中一次是半年后的暑假,我奉命送什么东西到表姑家——可能是一些模拟试卷,那段时间母亲正在为某个通过表姑介绍来的学生进行家庭补习,恰巧遇到来苏州散心的表姐。她落榜了,情绪异常低落,两只忧郁的大眼睛迷惘地忽闪着——当然,这纯属我的想象。当我浑身冒着汗,站在光线暗淡的走廊里跟表姑说话时,一个冷淡的眼神,平静而轻蔑地在我身上停留了片刻,又迅速折回散发着浓郁栀子花香的花园。表姐背对着走廊,正和两个表弟坐在露台上纳凉。繁星满天,灯光透过绿纱从窗口涌出,依稀勾勒出月洞门、回廊、斑驳的矮墙和树木影影绰绰的轮廓,表姐的白色衣裙就在这片朦胧夜色中浮动。在我匆忙告辞之前,露台上突然爆发出一阵遏制不住的欢笑。

这次以沮丧收场的照面最后定格在一只酒糟鼻上。一个肥胖、神情凶狠的老头警惕地在前门拦住我,狐疑而浑浊的目光上下打量着,令人憎恶地盘问了半天。这个新搬来的陌生住户,最终要由他来抹去我在这座充满童年回忆的宅院里的最后印迹。

一年后的秋天,表姐费尽周折考入了当地一所十分热门的旅游专科学校,几乎同时,我也离开苏州去南京上学,忙于新的朋友、新的事物。而此时我们之间虎头蛇尾的通信已经中断很久了,消息渐阙,除了偶尔在过年的时候,陆陆续续听到一些关于表姐的情况:失聪的老爷爷在冬天猝然谢世了,她曾为此哀痛欲绝;她在舟山群岛度过了某个炎热的夏天(一只贝壳笔架通过"神经"摆在了妹妹的写字桌上);我的一个堂哥某年元旦结婚时,她曾随伯父来苏州参加了婚礼;又是某年元旦,她带了一帮同学去寒山寺听钟——每一个节日都要比上一个更为平淡、令人沮丧,也消逝得更为迅速,每次她都来去匆忙,始终没有再来我家。

11

1989年早春,我多少有些散漫、空虚的大学生涯的最后一年,一天晚上,我正和几个同学在宿舍里百无聊赖地甩扑克,一个陌生姑娘突然推开门,漫不经心地走了进来。她略微侧着头,扬起眉毛,竭力想从劣质烟草的呛鼻烟雾和幽暗的蜡烛光——宿舍楼里某只死性不改的电炉使整幢楼频繁跳闸——形成的不停颤动的鬼影中，辨认出我五年后的模样。啊，她认出来了：在一阵粗鲁、无礼的起哄声中，得体地微笑着（似乎还夹杂一丝小小的兴奋和得意），右手按着移到胸前的挎包，左手（顽皮的食指竖起来）朝一脸错愕的我轻轻摆动着——绵糯、柔软的上海方言叹息般说出了我的名字。

错愕而尴尬，仿佛回忆不甘于一个疲惫乏力的尾声，当我终于渐渐从眼前这个意外闯入的光彩照人的形象里，一点点找回过去那个熟悉的表姐的影子，骤然大放光明的日光灯顿时把我带进一阵短暂而奇异的眩晕中。我注意到，过去几年里她有了某种变化，好像稍微瘦了一些，还是那件系腰带的黑色短大衣过于宽松了？脸上的笑意更深了，漆黑的眼珠活泼地转动着，似乎也变得更加明亮了（一副隐形眼镜已经替代了原先笨拙、刻板的玳瑁镜架）。我迟疑地站起来，伸过手去，立即闻到了一股淡雅好闻的、陌生的香气。

把表姐匆促带离我们那个邋遢的狗窝以后，我得知除了这次心血来潮的（这已经是她在南京的最后一晚了）探访外，一切事先都已经妥帖地安排在一张周密的课程表上。按计划，她们整个班级将在南京某家旅行社进行为期五天的毕业实习——于是，她出现了，双手抱着肩，恭顺而轻盈地走在学校潮湿的林荫道上。她的脸上多了一种沉静、安详的神情。当她微笑的时候，不断把脸掉向一边。

我几乎滔滔不绝地说了一路,关于掩映在四周树丛中的建筑物,一个黑暗拐角引出的某个灰姑娘的趣闻,或者是学生俱乐部舞会上的斗殴。而所有这些她都觉得"有趣极了"。当她含满笑意的脸转向我,一颗水珠突然从头顶高大的悬铃木滴落到她肩膀上。淡淡的雾霭从道路尽头慢慢升起来,朝昏黄的路灯涌动。随后,午后那场细而稠密的雨又开始飘飘洒洒,填满了一个个亮晶晶的水洼。这时,她轻声抱怨起脚疼——在找到我之前,她穿着沉重的皮靴已经在宿舍区迷宫里茫然徘徊了一个多小时。我提议,可以去学校附近的一家咖啡馆坐坐,要是她愿意请客的话——"因为,"我为难地搔搔头解释道,"这会儿已经穷得连杯咖啡钱都掏不起了。"

她当然乐意。在我伸展的手臂保护下,她穿过一道丑陋的珠帘,在咖啡馆破旧不堪的车厢座里安顿了下来。一坐下,她立即把疼痛的脚从中筒皮靴里解放出来,蹙着眉,两只手交替揉着。咖啡馆的布置简单而粗陋,天花板上几道隐蔽的红、绿光源使狭长的甬道般的空间弥漫着一股古怪的、不舒服的气氛。柜台后面,秃顶老板装扮出一副青面獠牙,追逐着一个躲闪到墙角的女服务员,后者嘴里不时发出一阵咯咯咯的母鸡般的叫声。几幅拙劣的水粉画危险地悬挂在坚硬的水泥墙上(云蒸霞蔚的紫金山在一堆庸俗不堪的色彩中扭曲着)。短短的几天内,口干舌燥的表姐带着失望和极度的疲惫感,几乎走遍整张南京旅游图。她一点都不喜欢这座灰蒙蒙的有些土气的城市，粗鲁的、舌根僵硬的方言（每句话似乎都夹杂了那些"难听的脏字"），还有姑娘们脸上拙劣、可笑的浓妆——但是从现在开始，她说她有点喜欢了，因为，她发现至少这个地方使她以前那个木讷、遇事有些胆怯和犹豫的弟弟，变得直率和爽快了许多。

我们的交谈突然被一台年久失修的卡式收录机的尖叫粗暴地打断了。磨损的磁头咝咝转动着——邓丽君嘶哑、失真的声音颤抖着，似乎穿越那些无边的喧嚣的黑夜透迤而来，猝不及防地冲进耳膜——然后，慢慢地，表姐的牙齿闪着光，低浅的笑声又浮现在混沌的烟雾之上。她似乎不太愿意提及自己的近况，包括我最近听说的那位比她大七八岁的未婚夫，任由我开玩笑地猜测起那位神秘的"西装先生"：他是狂热追求她的那些家伙中最疯狂的一个，瘦削，忧郁，曾经为她写下无数热切的、哀痛欲绝的情诗，而事实证明——"事实证明，不过是我的英文课教师。"她短促而干涩地笑了一下，抬腕看着表。她必须在十一点旅社锁门前赶回去。

我们走出咖啡馆，雨还在淅淅沥沥下着。一把黑色折叠伞围起的沉默、局促的遮蔽所里，表姐紧紧挽着我。一堵漫长的围墙和一个由粗壮的、黝黑发亮的树干组成的狭窄的甬道经过了我们，随后是橱窗，雨伞，铁皮书报亭，一家正在打烊的小饭馆，更多的雨伞和十字路口闪烁的红绿灯。到达电车站的时候，我半边身体已经被淋湿了。然后，是一辆从回忆尽头开来的哐当直响的冷清的33路电车。而离别似乎仍在沉默中不断蓄积着比想象得还要多的力量。

我站在旅馆三楼的楼道口，鞋子里浸透了冰凉的水，因为冷而不时哆嗦着。甚至很多年以后，我在记忆中还模糊保留着关于三山街上那座廉价旅馆的一个滑稽的梦幻般的画面：装饰了丑陋的粉绿色墙裙的灰暗走廊里，一些女孩捏着梳子，在一扇扇敞开的门间穿梭，另一些则靠在墙上沉迷地哼着歌——表姐慢慢走着，走着，用手轻轻撩起一绺滑落的头发。而灯光透过那些交错的房门，在她前面组成了一条宽阔的斑马线……

我站着，手里似乎还握着表姐那把不断往下滴水的折叠伞，却并不知道，仅仅在几个月后，一架飞机就要载着一个沉默的新娘，消失在波涛汹涌的太平洋那边。

夏天的课程

1

大约是1989年4月底到7月上旬，也就是我作为学生在南京的最后一个夏天，每天晚上我都不得不闷闷不乐地跨上一辆借来的自行车，去给颐和路上的一个孩子做家教。我还记得，那辆快散架的自行车每踩一下，就会在那些有着浓密树荫的僻静街巷里搅起一阵刺耳的吱吱嘎嘎的尖叫，仿佛四年无所事事的校园生活的一个拖沓而不和谐的尾声。

现在回想起来，那个惶惶不安的初夏似乎出奇的炎热。那些喧嚣的、让人窒息的夜晚，我不停擦着汗，不停把车蹬得飞快，以便凝滞不动的空气稍稍漾起一丝微风。纯粹出于某种礼节上的考虑，我背了一只松松垮垮的旅行背包，里面装着一本从别人书架上找来的破破烂烂的简明古汉语字典、一个计算器和一架带耳塞的十波段袖珍收音机——字典和计算器似乎跟袖口蹭上的粉笔灰一样，是教师们谨慎的仪表的一部分。实际上,这些装模作样的道具没有一次真正派上过用场。

那家人住在一个乱糟糟的院落里,那种杂乱的印象似乎来自楼前油腻腻的、散发着馊臭味的排水沟,以及从爬满藤蔓的院墙衍生出的一排低矮、破旧的棚屋。我感觉,对于那幢破败不堪的民国时期青灰色建筑,这里杂居的住户们似乎都缺乏某种顺理成章的家族渊源或背景。傍晚时分,孩子们的哭闹声和音量拧得很大的电视,使院子里的一切都带有一种粗嘎、直爽的本地方言的特征。每当我推着自行车,低头钻过院子里横七竖八的晾衣绳,窗户背后总有一些躲躲闪闪的目光令人不快地在我脸上逡巡着。

没有报酬,这是事先就说定的。"五花肉"——我还记得他那件从不离身的油腻腻的、粘着蟑螂屎的工作服,他神气活现地挥舞着长柄勺的样子,但我怎么也想不起他工号牌上的名字了——学生食堂的厨师,是这份家教拐弯抹角的牵线人。我跟他的交情起始于大学生俱乐部舞会上一次莫名其妙的混乱的群殴。这个喜欢在粗糙的水泥舞池里横冲直撞的矮胖子,既是一个不折不扣的乐盲,同时又有一副乐善好施的菩萨心肠。就这样,当他悄悄拽住我,一脸为难地提出这个离谱得让人瞠目的请求时,四年里他慷慨的每一勺似乎都在加重他说话的分量。

那个家庭的拮据和局促几乎是一望而知的:过时的式样

俗气的家具，踩上去就嘎吱直响的朽坏的地板，以及剥落、起泡的墙壁——只有一个狭长的房间，既是卧室也是客厅兼书房。靠窗那张安着玻璃台板、权作写字台的方桌上，时常粘着发硬的饭粒。我猜测，这家人微薄的收支簿根本无法平衡额外的家教费用。似乎作为补偿，每当我犹犹豫豫地踏进底层那个憋闷、拥挤的房间，一杯冰镇可乐和一盒拆了封的金桥牌香烟就已经提早放在了桌上——这使我每次硬着头皮向宿舍里那个一脸粉刺的小气家伙借车时，有一个勉强说服自己的理由，尽管它们的诱惑力实际上要远远小于整件事情带给我的烦恼。

我从没有做家教的经验，也不知道该如何跟一个孩子耐下性子交谈。徐乐乐，这是那孩子的名字——第一次见面时我有些愚蠢地告诉他，这个名字可以有四种读法，而第二天晚上我就发现，他写在作业簿上的名字已经悄悄注上了拼音。那是个瘦小的四年级的小男孩，沉默，缺乏好奇心，智力平平。当他不出声地看着我时，平淡的眼神里似乎混合着一种跟他那个年纪不相称的、说不清是疏远还是厌倦的成分，还有我友好地抚摸他脑袋时，他肩膀本能往上一耸的动作。在这个恭谨得有些木讷迟钝的孩子面前，我觉得自己始终摆脱不了一种奇怪的拘谨感。

就像课堂上常见的那类安安静静、不起眼的孩子一样，他从不向我提问。歪着头，有些吃力地趴在饭桌上，一遍遍地咬着早已伤痕累累的铅笔,对着作业簿上庞大的数字军团发愣,直到我终于按捺不住一把抓过笔和演算纸,他才会发出一声如释重负的叹息。每当我故意沉下脸,开玩笑般继续往下追问,他就会仰起脸,朝栖满蛾子的天花板不断眨巴着眼睛。"这是因为……因为……"那细弱而绷紧的声调就像是一段没完没了的救场的过门。

还有那大把暗绿色的绘图铅笔,始终被他生气似的紧紧攥住,每一支都那么脆弱易折。一到这时,他总喜欢装出一副不情愿的样子,不耐烦地翻开那只花花绿绿的贴满圣斗士贴纸的文具盒,一次次抓起卷笔刀——当他慢腾腾地把折断的铅笔塞进刀口,一丝活泼的、略带惊讶的光芒,顿时在他眼睛里难以掩饰地闪烁起来。这时候,与其说他是在削铅笔,不如说他在全神贯注于那个似乎属于女孩子们的小癖好。他喜欢收集卷笔刀,各种各样的卷笔刀——全部小心翼翼地关在五斗橱上一只生锈的医用铁盒子里。至于铅笔盒里的那只,不过是那个琳琅满目的珍宝馆里最不起眼的展品。我发现,如果没有人制止的话,这个缓慢而神圣的仪式似乎可以一直重复下去,直到桌上螺旋形的木屑堆成一座蓬松的小山。

我从不识破他的诡计。我不仅默许,甚至还暗暗鼓励他的心不在焉,任由他独自沉浸在这类微小而秘密的快乐之中——我乐得从背包里掏出收音机,塞上耳塞收听英语新闻。这样一来，这个可怜的孩子反倒不由自主地停下了手里的游戏，把那截短得几乎握不住的铅笔偷偷藏到背后，有些疑惑地朝旁边这个新来的让人捉摸不定的家庭教师回过头来。

哦，借助墙角那面通过时间折射的穿衣镜，我同样忍不住要向十年前那个困扰人的形象投去疑惑的一瞥：满不在乎地叼着烟，一只手托着下巴，习惯地反复捻着耳朵边的鬓发，而随着他腿部有规律的抖动，五斗橱上的玻璃罐、闹钟和一座拙劣的瓷质小雕像不由得发出一连串细碎的呻吟——他发现了我，悄悄眨了眨眼睛，冲着镜子做了一个无可奈何的鬼脸。

2

不久，匆匆订正完最后一道因式分解题，夜晚的苦役终于在一阵提前到来的困倦中结束了。徐乐乐揉着发涩的眼睛，跪在椅子里，响亮地吧嗒着嘴，梦游般小口小口吞咽着上课前母亲允诺的香蕉冰淇淋。而那只沉甸甸的书包也重新回到了门后挂钩上，和一件皱巴巴的围裙待在一起——唉，那件围裙，实际上早已分配给了房间角落里始终一声不吭的女主人：记忆一个小小的玩笑。

一碗香喷喷的面条带着飘浮的热气小心地端到了桌上。

女主人骨节粗大的、瘦长的手指，在灯下闪着淡青色光泽。然后，再次抿起嘴唇有礼貌地微笑着，退回到十分钟前隐身其中的那个幽暗的角落。我得承认，那种淡然的微笑给我留下了深刻的印象（如今，它就像是一层透明保鲜膜，有些奇特地覆盖了一段不知所谓的回忆）——而不是头几个晚上，或者是再后来，她那种折磨人的讨好的笑容。那种在嘴角的徒劳牵动下慢慢皱缩出来的假笑，在我看来，不过无趣地重复着琐屑生活的辛酸和悲哀。

我猜她大概有三十五岁，瘦高个，有着一头蓬乱、干枯的头发和没有姿色可言的呆板的方脸——毫无缘故的，我还假设她是某个化工厂的质检员，每天清晨嘴里叼着烧饼，喘息未定，坐在空空荡荡的通勤车上匆忙地梳头。当她躬着背，在房间里快速地走动时，从不发出任何响声。她身上那件黑底缀着白点的过时的连衣裙，显然是以缄默的方式表达着某种自我隐匿的愿望。她那么小心翼翼地蜷缩在屋角，以至于我在辅导时常常产生一种奇异的错觉，仿佛她每次竭力压抑的咳嗽声，还有身下那把藤椅偶尔发出的轻响，都在为她自己多余或不合时宜的存在表示歉意。

我渐渐发现，沉默并不是这个家庭唯一的奇特之处。在我频繁出入的那些夜晚，没有一次遇到过那家的父亲，那个从不现身的神秘的影子——当然了，我本可以想当然地给他安排某个倒霉的角色，一个迟迟得不到升迁的步兵连长，或者是苦闷的轮机手（唯有抽象的大海才能使他的性压抑不断升华）……也许，这样反倒省却了我的好奇心所做的一次次无谓窥测。在孩子埋头运算时的那些无聊空隙里，我注意到了床头柜上母子俩依偎在街心公园长椅上的合影，一个撕去的"喜"字在衣橱上留下的陈旧印迹，还有大量用作草稿纸的炼油厂信笺，但是我没有一次如愿捕捉到那个爱捉迷藏的父亲的气息。

我忍不住给孩子布置了一篇家庭作文：我的爸爸。为了把那个躲躲闪闪的影子揪到灯下，我启发孩子说，写作文的时候你不妨想象自己正端着相机给爸爸拍照，有正面的侧面的还有侧后面的——反正，各种各样的角度，嗬，要是你能拍上整整一卷的话……然而到了第二天晚上，我发现作文簿上的谜面下，仍然是一片可怜巴巴的空白。那孩子在我诧异的目光下，像做错了事一般噘起嘴一声不吭，只是一次次把脑袋无助地趋于桌面。

那天晚上下课后，女主人破例让孩子待在屋子里，有些拘谨地打着手电——唉，我总忘不了这类要命的细节：夏夜明亮的天光下，一支多余的手电筒在那个大杂院里审慎地晃动着——亲自把我一直送到路口。跟孩子一样，她也叫我刘老师。"刘老师，"她说，又低着头踌躇了片刻，"可能你还不知道，我和乐乐的爸爸很早就分开了。"

哦，其实我早猜到了，不过是又一个索然寡味的俗套：

被抛弃的母子，一段愁苦、局促的人生插曲。我有些尴尬地推着自行车，不知道该为自己无聊的好奇心表示抱歉，还是明智地转换一个轻松的话题。我向来不善于跟陌生人打交道，而她在沉吟半天揭开谜底后，似乎也拿定了主意决不多说一个字，突兀地咽下了后半截话，低着头，再次陷入让我无所适从的沉默中。

终于，街灯带着干巴巴的嘲笑在路口探出头来。斑斑驳驳的光点似乎顿时使旁边那张一直绷得紧紧的瘦削的脸，获得了一阵解脱般的轻松。就在那个恍恍惚惚的瞬间，我突然怀疑眼前这一切从头到尾都是一场拙劣可笑的骗局，就为了让我黏糊糊的同情心像汗珠一样，从油腻的毛孔里不断分泌出来。

3

我始终在心里暗暗盼望，那位煞费苦心的母亲有一天能醒悟到，挑选一个吊儿郎当、散漫成性的中文系学生做家教是一件多么荒唐的事情，尤其是他既没有循循善诱的耐心，也缺乏最起码的热情。然而，让我无可奈何的是，在她那里，我一次甚于一次的烦躁总是被奇怪地归结为孩子的愚笨和顽劣，我越是态度生硬、敷衍了事，她就越发小心翼翼，嘴里迭声表示感激。

不止一次，她带着一种不容置疑的神情，肯定地告诉我，乐乐喜欢你。似乎就是从那时候开始，她向来吝啬的话语突然变得像滑丝的水龙头一样毫无节制起来。"你有没有发现，乐乐最近上课专心多了？"她叹息道。（很遗憾，没有。）"你有没有发现，乐乐解题的速度比以前快多了？"又是一阵深深的叹息。（抱歉，还是没有。）"每天一吃过晚饭，他就拿出课本眼巴巴地望着你来——他喜欢你，我看得出来。"

我一点都看不出来。我倒是发现，自己的懈怠正在渐渐助长那孩子原本巧妙收敛起来的一种讨人嫌的陋习。他不动声色地偷偷数着烟灰碟里的烟蒂（一种跟他那个年纪毫不相称的节俭，或者说斤斤计较的看家习惯），仿佛我消耗的每根香烟，他都要放在内心的天平上称量一番——然后在椅子里来回晃荡着双腿，不假思索地把家庭作业推给我，对着天花板兀自出神。而每当我抽暇听新闻，他就会不断用各种愚蠢的低级问题来搅扰我，或者粗暴地把铅笔盒反复开合，然后在母亲连哄带骗的小声恳求下，示威似的朝我撇撇嘴，大声嚷嚷着我要吃冰淇淋我要游戏机——虽然在我看来，这完全是一个敷衍成性的教师应得的再正常不过的礼遇，但是这一切显然令那位母亲有些担忧起来。

为了弥补那些不存在的冒犯，她不再差遣孩子送我出门，而是提前换上鞋站在门口，以便稍后在告别时再突兀地表示一下她的感激——而这等于又给我增加了一重烦恼。因为我急于在宿舍熄灯前赶回去，这样倘若学校晚上有什么活动，至少还能赶上一个热闹的尾巴。这类溶溶月光下乏味的散步——如果可以勉强称之为散步的话，走在旁边的若是另一个风姿绰约的少妇，我当然还不至于感到乏味，但是她——说实话，我简直无法忍受她走得那么慢，步姿那么僵硬，佝着背，嘴里还无缘无故地发出干巴巴的机械的笑声，然后又被一阵突然而令人发笑的呃顿所打断。

她不断跟我谈起孩子——除了让人不得不叹服她天马行空的想象力以外，她创造出来的孩子和我几分钟前刚告别的那个形象找不到任何相似之处。诸如此类的话题，在她一厢情愿的假设下，通过不断重复和自我催眠，到最后不可避免地变成了大段拖泥带水的内心独白。每当这种时候，她往常含含糊糊、平淡无奇的嗓音会出人意料地变得异常纯净、明亮，顿挫有致，那张缺乏生气的脸也会奇异地焕发出某种神采。不止一次，我试图为她不着边际的幻想增加一点现实感，却总是白费力气。因为我发现，她对孩子的苦心孤诣，她那么津津乐道以至于近乎偏执的想当然，就像是她跟自己倒霉的、不公平的命运展开的一场实力悬殊的赌赛。这种注定落空的盘算，在我看来，无疑是用预先付息的方式，一次性否决了她自己人生的其他可能性——虽然这种所谓的可能性，在她的字典里根本就不存在。她是否说起过，半夜惊醒的时候，经常以为自己仍置身于知青点简陋的土坯房？哦，别开玩笑了。我们泛泛的交谈从未到达这样的深度。

我觉得自己快要被她狂热的梦呓逼疯了。她当然尽可以漠视周围正在发生的一切，而把自己渺小的目标视为整个宇宙。但难以理喻的是，这位全神贯注的母亲有时竟然会迟钝到连一些最基本的处世之道都浑然不觉。有好几次，她甚至吞吞吐吐地提出，希望我星期天晚上也能来给孩子辅导，就好像在我生活的外星上，一天恰好就是以晚上那三个小时来计算的——这简直要了我的命。我发现，自己在学校里惯常的大而化之的说话，搜肠刮肚找出来的各种托词，还有简单、直截的处事方式，在遇到这类让人哭笑不得的麻烦时几乎一筹莫展。在我有限的经验里，根本不可能对一个脸上挂满巴结逢迎的笑容的母亲硬起心肠来，更何况这位母亲既如此憔悴、无助，值得同情，某些时候又严肃得让人望而生畏——尽管我拒绝她的理由是那么充分，那么无可指责。

她从没有告诉我，就在我来之前短短的半个学期里已经先后换了三个家教，每一次都因为待遇微薄而草草收场——听到这个消息，我不由得有些恶毒地扳起手指，计算着慷慨的"五花肉"又为此支付了多少块大排多少斤干切牛肉。其中有一个家教，恰巧是我在隔壁班的同学，一个精明的机灵鬼。不知那颗精于算计的脑袋经过怎样一番推算和演绎——

就那个荒唐得离谱的结论而言，至少应该感谢他善意的"抬举"——我这份奇怪的、已经被引为笑谈的兼职，渐渐演变成某桩秘密交易的一部分。在那个宿舍楼内迅速流传开来的龌龊故事里，一个让人浮想联翩的、热情奔放的少妇按照同一张严谨的课程表，对我进行了身体力行的性启蒙。

你知道那是怎么回事，那些仿佛早已洞悉世事的不屑眼神，粗俗的玩笑和无聊的起哄，我每晚去借车时那家伙脸上会意的窃笑——哦，不，我怎么可能轻易被这类平庸的捏造激怒！如果可以让这些苦闷的家伙嫉妒得胸口隐隐作痛，我倒是非常乐意按照他们最后汇编的定本，不加删节地一一供认不讳——直到有一天，连"五花肉"都气喘吁吁地跑来，满脸难色地和我打听那些不存在的细节。

4

那些家教的夜晚，我似乎只是在惯性的作用下，一次次骑着自行车前去，又一次次带着厌倦和腻味的感觉回来。就连我自己都不清楚，这种毫无必要的坚持，究竟是出于对周围猥琐哄笑的蔑视，还是因为无法面对一位母亲的乞哀告怜——虽然我强抑烦躁的同情心，随着炎热渐渐逼近，早已经散发出淡淡的馊味。尤其是进入临近毕业的五月下旬，一种多少有些滑稽的感伤气氛渐渐笼罩了整个校园。在那种狂欢的氛围里，每一天似乎都像最后一天。到处是闹哄哄的人群，没完没了的聚会，亢奋而空洞的拥抱，哭泣，还有像酒精一样在血液里不断蔓延的虚假的激动。

因为晚上各种频繁的活动，我到得越来越迟，走得也越来越早。一天傍晚，我骑着自行车经过闹哄哄的鼓楼广场，不由自主地留在了那里。第二天晚上，某个本来不相干的女孩的生日，又为我的爽约提供了一个现成的借口。而我到这时才突然发现，在剩下的最后一个多月里，还有那么多烦人的琐事要了结：已经无法拖欠的毕业论文，尚未落实的工作，和一次闪电般开始又结束的恋爱。就这样，大概轻松地过了一个星期，那位让人头皮发麻的母亲终于找上了门。

那天傍晚，我提着水瓶晃晃悠悠地从水房回到宿舍，看见"五花肉"和那位母亲就像两个刚下火车的老家亲戚，微笑着坐在我床沿上。而那些打着赤膊的同屋就像一群跃跃欲试的猿猴，好奇地围着他们，分享着"五花肉"口袋里的金桥牌香烟。猝然面对这个让人目瞪口呆的场面，我的尴尬可想而知。更糟糕的是，那位母亲似乎对满屋子的窃笑毫无感觉，正涨红了脸，和宿舍里一个最喜欢出人洋相、绰号叫老夫子的家伙结结巴巴地谈论着知青小说。在我把宿舍门用力摔上以前，还不时有一些凑热闹的家伙嬉皮笑脸地探进半个脑袋，随后发出一阵嘲弄般的嗷嗷怪叫。

热心的"五花肉"似乎生来就适合扮演一个掮客，他不仅跟人自来熟，而且总有那么多唾沫星子乱飞的废话。这会儿，他那种善于把一桩简单事情搅成一锅粥的本领又有了用武之地：显然，他已经完全忘记了自己不言自明的来意，起劲地和那个每晚借我自行车的家伙谈起了收购旧自行车的设想，把我和那位拘谨的母亲撂在了一边。那位母亲，唉，那位母亲光从打扮上看，就是一副走亲戚的样子，宽松的黑白格裙子，头上还不合时宜地系着束发带，淡淡微笑着，把一只受虐似的手提包紧紧压在膝盖和胸脯之间，仿佛只有这样，她那双不知所措的手才不至于泄露原先乞怜的模样——无论如何，这一次我的近视眼必须借助傍晚暗淡的光线，破解附着在这个形象之上的魔法。

我嗫嚅了半天，正要硬着头皮切入正题，一盏日光灯突然在头顶闪烁起来。在宿舍来电短暂的晕眩中，我不由得惊讶地睁大了眼睛——她竟然化了妆！仿佛素描课上指导老师随手添上的关键几笔，虽然依旧干瘪、瘦削，却似乎赋予了这个乏善可陈的呆板形象某种活泼的生气。

她抢在我之前开了腔，而且自作聪明地绕过了那个彼此都感到难堪的话题。不，这只不过是一次顺便的拜访。有人送给她几张舞票，而她恰好得知我喜欢跳舞。镇流器的嗡嗡声里，她貌似不经意地解释道，完全忽略了我压根算不上热情的舞迷。何况在这个渐渐炎热的季节里，跳舞无异于一场苦役——再想到要和她以及狗熊般笨拙的"五花肉"穿梭于腋臭和汗馊味间的荒唐景象,这痛苦简直就是地狱般的折磨。

然而,就像往常一样,每当遇上这种需要说不的时刻,不可避免地,我又一次陷入了熟悉的一筹莫展的窘迫中。不知什么时候,旁边那个满脸粉刺的家伙已经一反常态,慷慨地把一片钥匙塞到我手里。我只好不情愿地从箱子里翻出一条皱巴巴的长裤,跟在他们后面慢腾腾地出了学校。

5

那个糟糕透顶的夜晚,一切似乎都在跟我们作对。先是那辆经不起折腾的破自行车在路上接二连三地掉起链条,害得我和"五花肉"的手上都沾满了油污。等我们灰头土脸地骑到工人文化宫,喧闹的舞曲早已从一幢丑陋的土黄色建筑里远远传过来。出于节俭的习惯,存车时那位母亲从路边小摊上顺手买了三盒塑料软包装橘子水——为了把它们带进舞厅,在检票口又惹出了一场多余而激烈的口舌之争。

我们狼狈地冲进舞厅,一首当年十分流行的充满切分音和休止符的曲子正孤独地回荡着,搅起沉闷的回声。硕大而简陋的舞池里,令人惊讶地只坐了三四十号人。几排炽热的射灯从灰蒙蒙的天篷笔直射下来,替每张表情呆滞的脸蒙上一层灰暗、蜡黄的病容。没等我们在紧挨着墙的一排破旧的车厢座里坐下,一个满脸是汗的中年妇女就像一只摇摇摆摆的企鹅,笑容可掬地一路小跑着迎了上来。

欢迎欢迎,她摊开手里一个皱巴巴的笔记本。请问你们的登记号是多少?

见鬼,什么登记号?"五花肉"带着未消的怒气,骂骂咧咧地嘟哝道。

咦,你们不是来参加联谊活动的吗?

一根肥胖的手指把我们的目光引向对面悬挂的横幅:人间鹊桥联谊会。我这才注意到,稀稀拉拉的舞客们正是按照性别的指挥棒,规规矩矩地分坐在舞池的两边——左边一排忐忑不安的男青年,似乎正紧张地等待着老姑娘们从对面扔过来的绣花荷包。一包橘子水突然从旁边滋射到我偷偷暗笑的下巴——由于毫无防备地落入这个尴尬的场面,那位可怜的母亲差点在座位里昏厥过去。她有些神经质地微微颤抖着,不断用牙齿撕扯着手里那包怎么也撕不开的橘子水。这时她忙不迭掏出纸巾,涨红了脸,茫然而困窘地对我苦笑着,仿佛在叹息一个老套的恶作剧,又像是默认了她今晚始终摆脱不掉的倒霉境遇。

嘈杂、急促的舞曲在短暂间歇后重新回荡起来。大汗淋漓的组织者绕着冷冷清清的舞池小跑着,一边绝望地试图把座位里的大龄青年们赶进舞池。快,快,她双手叉腰大口喘着粗气,远远地冲我们恳求般挥着手。似乎就在这个动人的形象的感召下,"五花肉"畏畏缩缩地伸出了脏兮兮的手,总算将那位又羞又恼的母亲拽离了窘境。随即,从不远处的角落里滑稽地传来一阵犹如癫痫病发作似的掌声。某位喝倒彩的老光棍显然把这两个漫画式的人物,误认为今晚第一对一见钟情的男女了。

舞厅里又闷又热。在夜晚这个荒诞的单元里,一切似乎正借助于旋转变幻的灯光,呈现出一片疯人院般的梦幻景象。当他们磕磕绊绊地开始旋转,就像两个纠缠在一起的筋疲力尽的拳击手,所有的动作都比音乐要慢上半拍。有一瞬间,他们转到了我跟前,滴汗的脸仿佛在抽搐,各自冲我做了个莫名其妙的手势,随即又被快节奏的舞曲裹挟而去——脑袋、肩膀和身体在空气中一一隐去,只剩下一束灯光照着他们忙乱的踩不准步点的脚尖,如同一匹腾空的马在茫然换蹄。

几只曲子下来,他们似乎找到了点感觉。"五花肉"的额头上沁出了一层亮闪闪的油汗,而她也渐渐恢复了原先自如的神情。刘老师,你来跳一支吧。她热情地跑过来拽着我的胳膊,此时我已经抽着烟,退到敞开的排窗前——如果可能的话,我真想一直朝后退去,远远退到外面梧桐树掩映的大街上去。

还是下次吧,我窘迫地连忙摆着手,太热了。

什么下次下次的,人家今天可是特为来陪你跳舞的。

"五花肉"擦着汗,有些不耐烦地说。

瞧,刘老师还有点不好意思呢。她斜睨了我一眼,扭头对"五花肉"说。

一曲终了,她一边掀动衬衫前襟扇着风,再次满脸堆笑地走来。

你出来跳舞,乐乐在家怎么办?我有些结结巴巴地问道,试图改变她的注意力。

我把他送到外婆家了——哎,刘老师,你别客气,来跳一个吧,来啊。

这一次她似乎拿定了主意,隔着一排座位就伸过手来——我感觉,舞厅里所有人都好奇地朝这里转过脸来。而汗流浃背的"五花肉"似乎直到此时才终于想起自己的来意,龇着牙,像一只拔萝卜的兔子,一路蹦跳着过来,连拉带拽地想把我弄进舞池。

求求你们了——哎,我真的不跳,不想跳。我涨红了脸,窘出满头的汗。好吧好吧,你别拉了,明天晚上我一定准时。话一出口,我不由自主地松了一口气。

渐渐地,热情的微笑蜕变成僵硬的笑容。刘老师你误会了,今天根本没有别的意思,就是请你来跳舞……

不,不,我像被阉掉了一样,垂头丧气地辩解道。不是,是我自己愿意的。

6

十天以后再次见到我,那孩子似乎又恢复了初次见面时那种拘谨和胆怯——就像一只乖巧的、善于取悦人的家猫,一声不吭地趴在桌子上,慢腾腾地做着永远做不完的课外习题——我越是充满好奇地观察他,他的头就埋得越低,冒汗的鼻尖几乎贴上了练习簿。他在椅子里来回扭动着,不时求助似的拿眼睛偷瞟坐在一边的母亲,而后者始终沉着脸,干坐在他身后的角落里,此时正试图通过鼻翼的扩张,悄悄释放出一个无声的哈欠。

显然,那位母亲暗地里对孩子施加了某种压力。甚至课间休息,她仍不减严厉的辞色。我渐渐发现,因为一个月后的期终考试,徐乐乐明显变得有些愁眉苦脸起来。不过,这倒总算使我两个月来零敲碎打、没有章法的辅导找到了一点针对性。有一天,纯粹出于好玩,我按照游戏棋的格式随手画了张军事地图,把他感到挠头的数学题进行归纳,设计成一个个陷阱、地雷或魔鬼城堡——我们就以掷骰子的方式,确定每天晚上需要对付的陷阱或者各种陷阱的变体。渐渐地,在那孩子的不断央求下,这份地图的比例尺被修改得越来越小,地形也变得越来越复杂:某个剪径的强盗会突然从树林中跳出来,这位绿林好汉有着一种类似司芬克斯的怪癖,过路者必须背诵出一首课本上的唐诗才能过关;为了横渡汹涌的激流，他必须在两个孤立的词语桥墩上，用造句铺设起连接它们的桥板；而一段错误百出、逻辑混乱的文字则构成了终点前最后的迷宫。

这类游戏显然让孩子乐此不疲。他咯咯笑着，试图为卷笔刀士兵选择一条捷径——哦，悬崖！随着眼睛一阵的溜溜乱转，他得意地埋下头去快速写出了算式。现在，他每个呆滞的、浑浑噩噩的脑细胞似乎都被紧张地调动起来，往常像沙堆一样容易涣散的注意力也找到了准星。他不断缠着我，央求我设计新的更好更难的路线。我发现，仅仅过了二十多天，在那张庞大的地图上，他就很少会遭遇到需要挖空心思才能越过的障碍了。

这场野心勃勃又疲倦不堪的长途跋涉，一直延续到七月初的期终考试——谢天谢地，此时我早已被自己的发明搞得心浮气躁，疲惫不堪。为了精心描绘那幅每天都在扩张的成吉思汗式的版图（这张破烂的、不断拼贴的地图早已占据了半面墙壁），到后来，我甚至不得不把整个下午都搭进去——然后，除了十几天后那个多少有些滑稽的告别式，我的劳役就结束了。不管怎么说，这份琐碎的家教应该算得上是我在恍惚的四年里做的第一件有始有终的事情，以至于在回忆中让我一次次心怀感激；因为在那个无所事事又惶恐不安的夏天，唯有它给了我一点可怜的现实感。

直到那年七月初，我的工作依然悬在半空。留在南京的希望随着各种接踵而来的坏消息，变得越来越渺茫。一个月后，我不得不沿着四年前来南京的原路返回，硬着头皮去福州一家橡胶厂报到——甚至，没有哪一种折返比它更彻底的了，因为过去每年冬天，我们全家都在这家工厂的浴室洗澡。

简短的毕业典礼后，人头攒动的车站、码头代替了空荡荡的校园和宿舍，成为四年集体生活最后一幕的布景。一天下午，我从车站送同学回宿舍，发现"五花肉"在门上留了个便条，那孩子的父亲请我晚上去新街口附近的"大三元"酒店吃饭。出于本能，我立即排除了这个在曲终人散的时候，莫名其妙冒出头来的缺席者。然而，到了傍晚，独自坐在狼藉的宿舍里，我的好奇心又渐渐地占了上风。

7

那个一脸油汗的家伙，孩子的父亲，炼油厂的供销员，一次次把无法推挡的酒杯，连同他粗鄙而可怕的热情递到我面前。那是一张平庸的、似乎有些浮肿的脸，既难以在人群中再次分辨出来，又常常会在乘火车的时候出现在你对面的座位上。能说会道，又见多识广——那种见多识广仍然像火车穿过某个闹哄哄的集市后留在车窗上的浮泛印象。而在我们四周，哄笑声、不时响起的盘子和啤酒瓶的爆裂声以及小孩的哭闹，正加入一支乱哄哄的婚礼进行曲。

那天晚上，我们被迫挤到了一个狭小、局促的角落里——这种局促，这种出乎意料的小尴尬，似乎是这一家人惯有的行事风格——尽管那位母亲像我猜测的一样，明智地回避了这个有些难堪的场面，使得一次像模像样的告别多少带了点遗憾。但在某张可能早已不存在的全家福上，我敢肯定，对面这只喋喋不休的大喇叭和那对沉默的母子会是一个奇怪的、让人发噱的组合。他不停地大声嚷嚷着，说笑着，似乎就为了让不断泛上来的酒气，尽快挥发到混浊的、让人透不过气的空气里。

"我的妈呀，这是哪家的天仙！"他突然兴致勃勃地叫嚷道。而在我看来，远处那个瘦得像小母鸡一样，在一堆臃肿不堪的绸缎和薄纱里绝望挣扎的新娘已经够可怜的了。随后，在周围一些诧异而愤怒的目光下，他又大张着嘴，带着一种嘲讽的优越感，扭身跟坐在旁边的"五花肉"说起了一个佐餐的笑话——那个粗俗又无趣的色情段子不仅过于直白、露骨，同时还因为徐乐乐在场而显得非常不合时宜——"五花肉"不得不丢下那根啃了一半的鸡腿，夸张地微笑着，竭力想把他的注意力从新婚之夜引向某个熟人的轶事上。

我一直在留意那孩子。那天晚上他似乎出奇安静，一副规规矩矩的课堂上的表情（在他的椅背上，一只瘪塌塌的新书包似乎可以为我的比喻作证），目光有些呆滞地望着桌前的一杯橘子水。只有当那位唾沫横飞的父亲偶尔想起了自己的职责，探过身去小声说着什么，一边轻轻抚弄他的脑袋，他才会抬起头，有些茫然地扑闪几下眼睛，随后浮现出一种困惑而拘谨的笑容。这时候，不知是因为我不合作的沉默，还是为桌上肆无忌惮的笑声感到害臊，他悄悄伸手拽了拽父亲的胳膊。

于是，那张肉乎乎的、挂满汗珠的胖脸又带着无法推却的热情，朝我转了过来。刘老师，喝酒，喝酒啊。他咧开嘴，大声吆喝着，仿佛他推销的不是柴油而是酒精——更可怕的是，随后他倒真的拉开架式跟我谈起了心爱的柴油……渐渐地，眼前需要努力聚焦的一切被一股慢慢涌上来的酒劲儿搅散了，而漫长、困顿的晚饭在我为自己多事的好奇心懊恼很久之后，仍在没完没了地继续着。

当我扶着墙，从污浊不堪的洗手间回到座位上，那个沉默的孩子开始嘟起嘴，小声对父亲抗议说，他想回家了。而后者依然漫不经心地应承着，一个劲地摇晃着空酒瓶，随后响亮地拍着手，又一次招来了服务员。又不知过了多久，带着一串含糊不清的咒骂声，那位说话早已颠三倒四的父亲终于不情愿地停止和"五花肉"梦游般的划拳，勉强睁开眼睛。此时，空荡荡的店堂里除了我们这一桌，只剩下一个不耐烦的服务员，提着水龙，旁若无人地冲洗着油腻腻的水磨石地面。

8

我和"五花肉"把烂醉成泥的供销员拖出饭店,架到湿漉漉的人行道栏杆上。一场骤然止歇的暴雨已经在我们喝酒的时候,悄悄带走了街道里憋闷的暑气——这时,它们正从热烘烘的水泥地上又一点点升起来。雨后黯淡的夜空仿佛地球末日的正午,笼罩着一片浅红色的丑陋的光。在我们脚边,一团污水沿着坡道慢慢淌过来,在一个被堵塞的窨井上打旋。

徐乐乐紧紧抱着那只新书包,一声不吭地站在滴水的屋檐下。我们身后,一个哈欠连天的值班员正在给漆黑的店堂上锁。我有些犯愁地瞥了瞥趴在栏杆上的供销员,后者正在同样醉态蹒跚的"五花肉"的嘲笑下,发出一阵阵痛苦的干呕。

刘老师,徐乐乐突然怯生生地喊了一声。

嗨,怎么啦?我蹲下身,轻轻捏了捏他的鼻子。

他低着头,有些迷惘似的轻轻扭动着身子。妈妈……她今天生病了,不能来。

我觉得,那孩子犹豫半天,是想说几句感谢或惜别的话。他说不出来——就像我说不出来一样——只是反复地把书包上的搭扣掀起又摁下。后来在等车的时候,他终于有些按捺不住地打开书包,炫耀似的掏出一大把塑料卷笔刀。我用力按压着胀痛的太阳穴，模糊地联想到他那个密不示人的百宝箱。

是我爸爸给我买的。他的身子就像条金鱼一样来回晃动着。我皱皱鼻子，有些厌恶地闻着自己嘴里呼出的难闻的发酵后的酒气。你喜欢你爸爸吗？我有些漫不经心地在路牙上踮起脚，看见33路电车像一只蟋蟀，绕过新街口广场慢慢爬过来。

都是我爸爸给我买的，徐乐乐闷声闷气地自语道。

我们上了车。雨又开始在一团团模糊的光晕里飘了起来。一个城市在晶莹的反光中渐渐趋于无形。也许，所有琐碎的故事都像这个一样，缺乏一个明确的、令人满意的结尾，只是单调地沿着隧道向不存在的高潮推进——还是让我（一手紧紧抓住车厢扶手，一手牵着孩子）继续这种无谓的努力吧，哪怕仍然隔着一块朦胧的挂满水珠的玻璃。

闷热、拥挤的电车沉默地驶过街道。在我们身后，一盏盏明亮的街灯正在依次熄灭，仿佛大脑皮层上那片淡淡的血色已经替代了移动的窗景。我的手无意中触到了口袋里一张硬邦邦的车票——在明天早晨发出的一趟火车上，有张座位此刻已经空出来了。我感到一阵熟悉的眩晕，每当我疲倦的注意力竭力聚焦，这种眩晕似乎就会应运而生。车厢不断颠动着——我突然分开乘客，扑到窗口开始呕吐起来。

刘老师，徐乐乐害怕似的，死命往后拽着我的手……刘老师！

没事，没事的。我回过头，勉强朝他笑了笑。让我吐吧——吐完就过去了。

初 冬

离下班还有半个多小时，那个新来不久的姑娘就找了个借口，夹着包提前开溜了。那是个头脑有些简单的年轻姑娘，无论走到哪里都带着一串夸张的感叹词和放肆的笑声。作为还在试用期的机要室打字员，那姑娘待人接物似乎有些轻佻随便。此外，那头特意染成金黄色的短发，在这座风气保守刻板的机关大楼里也未免过于招摇了——她这么觉得。虽然私下里，她似乎有点羡慕这位对什么都满不在乎的新同事。

像往常一样，办公室内的另外一位同事，那个坐在她对面的四十来岁的中年妇女连连摇着头，开始不满地嘀咕起来。她假装没听见，走到窗前看雨停了没有。雨淅淅沥沥地飘了一下午，这时候终于停了。推开窗朝下面望去，白天拥挤的停车场现在空荡荡的，上面布满了无数亮晶晶的小水洼，折射着外面马路上早早亮起的街灯。初冬的天光似乎缺乏起码的过渡，一下子就暗了下来。隔着树叶掉得差不多的萧瑟的梧桐树枝，有一家商店的黑色屋顶上，霓虹灯正一个接一个地喷射出焰火般缤纷的文字，突然又一齐消失在暗红色的夜空里。马路斜对面的公共汽车站上，有一大群候车的乘客们，拥挤在星期五傍晚嘈杂而欢快的气氛里。

她慢腾腾地回到桌前，想把刚才打印的文件再重新校对一遍。临近下班这段无所事事的时间总是显得漫长而无聊。她下意识地支起耳朵，听着走廊里两个同事的高声说笑——他们似乎在谈论各自星期天的安排，一个约了女朋友去东郊野炊，另一个，难听的沙嗓门，说答应了带儿子去动物园看秃鹫。真奇怪，她想。一个小男孩偏偏喜欢那种专吃腐尸肉的脏兮兮的怪物。无论如何，这有些奇怪。

"你明天准备干什么？"

她诧异地抬起头望了望对面，隔了好一会儿才明白是在问她。"去看我妈妈。"她有些干巴巴地回答道。

"哦，"她的女同事略带失望地点点头，略微沉吟了片刻，然后又说，"你有时间该去那些热闹的地方玩玩。"

说到"热闹"两个字时，她特意停顿了一下。她总喜欢以这种自认为十分含蓄的方式跟她提建议。这些让人不知道该怎么回答的建议，似乎是她引以为傲的人生经验的精华。真让人受不了。她想起几天前新来的姑娘一脸不屑的评价，还有她做鬼脸的样子，笑了笑，重新伏在一堆文件上，手里细长的签字笔下意识地敲着玻璃台板，发出轻微而单调的嗒嗒声。

女同事用一种充满理解和同情的目光，朝她不出声地望了一会儿，忍不住又清了清嗓子，邀请她下班后去她家里吃饭。她有些慌乱地摇摇头，随后毫无必要地避开对面探询的眼神，故作神秘地微笑了一下。

黑黝黝的人行道闪着微光。整座城市在雨后干净得出奇，沉浸在一种轻松而欢快的气氛中。她有些笨拙地挎着一只边角磨损的人造革皮包，避开树枝上不时滴落的水滴，沿着中央商场的橱窗不紧不慢地走着。明亮的橱窗里陈列着各种牌子的香水、服装、熠熠生辉的首饰、电器、精致的餐具和各种令人想发出叹息的新奇东西。

她没有乘公交车，想走着去。在一段美妙的时光即将到来的愉快感觉中，走路很舒服。在街道拐角处她稍稍停顿了片刻，借着街灯在橱窗上的反光，抚了抚有些散乱的头发。她看上去二十七八岁的样子，脸上轮廓分明，稍嫌粗重和杂乱的眉毛似乎很久没有修饰过了。显然，她并不属于那种在大街上引人注目的俊俏姑娘。相反，她身上那件颜色暗淡的短大衣似乎以一种隐晦的方式，不断表达着冷淡或拒绝交流的愿望。

一家门面窄小的玩具店使她不由得放慢了脚步。她突然想起来，过几天就是上小学二年级的外甥的生日。她不怎么喜欢哥哥家那个邋遢、任性的小男孩。那孩子跟他母亲一样，有着一副自以为是的讨厌神情。还有那透过近视校正镜片偶尔朝她投来的冷冷的窥测，也令人不快地联想起他说话尖酸刻薄的母亲。不过，她早就答应了要给他准备一份礼物。

玩具店里有一男一女两个高中生模样的顾客，男孩说话的声音有些沙哑发闷，似乎还处于滑稽的变声期，他不断用那种粗嘎的、透着古怪的嗓门小声央求店主，一个秃顶的矮个子中年人，而后者不断踮起脚，从身后的货架顶上吃力地取下各种绒布动物——肚子里塞满填充物的狗或者是狗熊之类。那女孩嘴里嚼着口香糖，有些不屑一顾地由着它们在面前东倒西歪堆成一堆。

她把挎包移到胸前，半蹲着，有些费力地把脸凑近柜台，对着一排电动玩具端详了半天，似乎想弄清楚它们在标签上的确切名称。当有些怒气冲冲的店主终于忙里偷闲，把一辆带遥控器的玩具消防车摔到柜台上，她又在一阵犹豫之后改变了主意，带着有些遗憾和抱歉的神情，什么也没有买就退了出来。

外面依然潮乎乎的，寒冷的空气里混合着被雨水激起的清新气息，以及街边烤肉刺鼻的辛辣味。两个穿着橘黄色防水马夹的交通警懒洋洋地靠在人行道栏杆上抽烟。离他们不远处，一个神色忧郁的小贩在叫卖推车上用花生和饴糖调制的有些粘牙的糖块，整团炒米糕似的糖块已经被胡乱切成几大块，看上去硬邦邦的，就那么令人绝望地堆在一只脏乎乎的平底盘里，还泛着微弱的光泽。

也许，刚才应该把那架昂贵的电动玩具买下来，她有些闷闷不乐地想，这样一来，明天她只消把它塞给哥哥，再随便撒谎说下星期要出差就可以解脱了。她想象着外甥蹲在地上摆弄这辆红灯闪烁、呜呜叫的消防车，全家人脸上神态各异的复杂反应……尽管无论做什么，她知道，实际上都很难改变那种熟悉的尴尬和冷淡的气氛。

一想到明天不得不走进妈妈和哥哥家那个狭窄、拥挤的院落，想到面有难色的哥哥，还有冷言冷语的嫂子，她的心情顿时就暗淡了下来。如果不是害怕妈妈伤心，现在连每星期六回家她都觉得是多余的负担。

几个月前，她总算说服妈妈，从家里搬了出来——她始终反对她出去租房住。她既对她独自生活忧心忡忡，又害怕邻居们不怀好意的猜测和议论。没有谁嫌弃你啊，她常常在一番长吁短叹后嘟囔道。只要我在，这个家就有你的地方。

在那个属于自己的不受干扰的天地里，租来的生活俭省而平静——这情形不好也不坏，不过意味着她必须独自把没有着落的未来承担起来。她已经二十九了，有时夜晚会变得出奇的孤单，没有爱情，没有可以信赖的朋友，每天跟人的接触仅仅限于白天和办公室同事只言片语的交谈……她有些茫然地眯起眼睛，迫使自己不去想这些不愉快的琐事——至少今晚，她不想让自己又一次陷入这些漫无边际的乱糟糟的思绪中去。

她摇了摇头，继续往前走。在一家生意火爆的自助火锅店门口，等空座位的食客们吵吵嚷嚷排成了长队。一个书报摊让她盘桓了片刻，她买了几本杂志和一份晚报。她把塞得鼓鼓囊囊的挎包换了个肩，下意识地看了看表。时间还早，或者说时间多得必须再找点什么事情来打发掉。现在，明亮的橱窗和令人眼花缭乱的人流和车辆落在了后面。街道两边，只有昏暗的路灯照着粗大的行道树和花圃里几丛枯萎的鸡冠花。她本想在街心公园里歇上一会儿，后来意识到那些石椅都是湿的，而且觉得肚子里开始饥肠辘辘起来。她顺着人行道往回走，接连穿过两个热闹的街口，一直走到单位附近平时常去的那家冷冷清清的快餐店。

她在靠窗的桌子前坐下，要了份十块钱的套餐。然后，一边翻着报纸，一边慢吞吞地喝着淡而无味的骨头汤。店堂里到处油腻腻的，飘浮着一团热烘烘、黏糊糊的气息。她脱下鞋，在桌子下面悄悄抟揉着磨得有些生疼的脚后跟——那双鞋是新的，式样却有些过时了，经过某个建筑工地时鞋帮上溅了些泥点。后来她用餐巾纸把那些泥点仔细地挨个擦去。

匆匆奔进中华电影院的时候，重新飘起的雨丝已经变成了密集的雨点。迷蒙的柏油马路上溅起一支支水箭。电影院门厅里同样冷冷清清的。傍晚场的电影还没有放完，几个闲得发慌的领座员靠着小卖部柜台，翻来覆去摆弄着手电，跟售货的小伙子打情骂俏。

她把湿淋淋的折叠伞收拢，有些贪婪地望着周围熟悉的一切，心里顿时感到暖和而平静：挂在售票处上方的简陋的小黑板，有两个民工模样的人在犹犹豫豫地看着上面的电影预告，他们的头发和衣服上沾满了白灰；一对躲在立柱背后窃窃私语的小恋人，两个人的手指怪有趣地勾在一起，她开始差点以为就是刚才在玩具店碰到的闹别扭的那一对；一位不很年轻的妇女弯腰牵着可爱的女儿，耐心地回答后者层出不穷的问题——她们就站在今晚公映的那部电影的海报前。海报上画着一个披着黑色斗篷的女人的背影，在雾蒙蒙的防波堤尽头，那个纤弱的身影仿佛随时会消失在那团狂躁不安的、不祥的灰色波涛之中。

大概只有和她一样没有别的消遣的人，才会在这种坏天气里跑来看电影。她默默地叹了口气，不禁有些怀念过去那些热闹的时光。电影开映前嘈杂而拥挤的人群，神气活现的黄牛，以及令人回味无穷的兴奋和激动。那种莫名的激动，即使散场后回到家里似乎仍不会消退。

雨似乎下得更大了。陆续跑进来十几个躲雨的过路人，他们不停跺着脚,情绪恶劣地小声咒骂着什么。模糊的回声在空荡荡的门厅里嗡嗡响着,和外面哗哗的雨声融合在一起。她走到一边,慢慢浏览着橱窗里早已过时的电影招贴,并不急于买票。橱窗里瓦数很低的日光灯似乎为她贴近的脸镶了一圈光边。

傍晚那场拖沓的电影终于结束了。散场的观众们互相推推搡搡,在出口处挤成一团。那几个躲雨的过路人身上的湿雨衣不时引起小小的纠纷。一个男孩冒冒失失地撞了她一下,她回过头,毫不介意地对他笑了笑,同时注意到他大约二十岁,瘦长的脸使得他看上去有些忧伤。

那男孩长得似乎有点像她高中时的班长,她模模糊糊地想,她已经想不起来他长什么样子了,但不知怎的,眼前这个陌生男孩却莫名其妙地唤起了那个遗忘的形象:一模一样的亮眼睛,抿紧的嘴角,还有额前那绺似曾相识的任性的头发。什么都没有发生过——她只是喜欢看到他清清爽爽的样子,还有跟人说话时微微蹙着眉的神情——除了毕业前的那次。那次,她记得自己似乎曾怀着可笑的急切,反复翻动着他还回来的厚厚的参考书,生怕遗漏某个关键的页码,而上面恰好就写着一段令人心惊肉跳又神思恍惚的临别赠言,或是夹着一张难以拒绝的电影票。

身后那阵闹哄哄的人声消失以后,她仍在灰蒙蒙的橱窗前待了一小会儿。这么做纯粹是为了打发时间。橱窗里那些褪色的新片预告已经很久没有更换了,还是前年的《泰坦尼克号》,另外就是几张令人腻味的莱昂纳多的招贴画。连她自己都感到奇怪,她那么喜欢看电影,却从未迷上过任何电影演员——不止一次,她的中学同桌曾愤愤不平地抱怨道,你根本就算不上一个真正的影迷。后者当年疯狂迷恋童自荣的配音——"哦,多么高贵、骄傲而冷酷的嗓音"——曾经以一种令人难以理喻的方式,闭着眼睛看了数十遍《简·爱》。

她耐心地看完最后一张图片,绕过正在入场的稀稀拉拉的观众,朝已经没什么人的售票处走去。这时,她发现刚才那个莽撞的男孩正靠着小卖部柜台抽烟,微微侧着脸,似乎从吐出的烟雾后面偷偷打量她。当她走近的时候,他露出两排洁白的牙齿,冲她有礼貌地微笑了一下。

"你也喜欢看电影吗?"

她愣了一下,有些迟疑地放慢了脚步,朝四周看了看,仿佛为了确定对方是在跟她搭讪,随后迅速扭过头,毫不惊异地看了看他。

"我……我多了张票……"那男孩结结巴巴地解释道。

"噢,"她用半是调侃的愉快口气反问了一句,"是约的人没有来吧?"

这类并不高明的借口似乎也跟过去看电影的记忆联系在一起。她的脸上不由得浮起一丝微笑,凝视着这个几乎比她小了十岁的男孩。因为紧张而舔湿的嘴唇,还有那双漆黑的亮眼睛——假装随意地斜睨时拉紧的眼角。她犹豫了片刻，不知为什么，点了点头。

她跟在那男孩后面，沉默而有些拘谨地走进黑漆漆的电影院。借着微弱的过道灯，那男孩引着她在后排的座位里摸索着坐下。她把湿雨伞放在脚边，同时注意到他们竟然滑稽地坐在了情侣座里。这些没有扶手的双人座似乎专为那些恋爱中的男女而设——让那些喜欢黑暗的连体人可以毫无阻隔地依偎在一起。她自嘲地一笑，又摇摇头，悄悄把手提包移到她和那男孩之间。

座位里同样潮乎乎的，散发着一股既亲切又好闻的皮革味。几乎每星期五的晚上，她都会一个人来这里看场电影，不管放映什么电影，也不管有没有看过——电影本身并不重要，她喜欢的是电影院里这种秘密和独享的气氛，周围漆黑一团，只有放映机射出的光尘静静地投射在银幕上。她就这样心甘情愿地被跌宕起伏的剧情迅速带走，不知不觉忘了自己，忘了一个人生活的艰难以及不得不承受的寂寞，忘了不愉快的一切。

走了太久的路，她感到两只脚又开始隐隐作痛，就猫腰（身下的沙发椅随即发出一阵吃力的嘎叽声）把脚后跟从硬邦邦的皮鞋里费力地拔了出来，然后两只脚直挺挺地伸到前面的座位下。现在，一切都变得舒适和惬意起来，她觉得自己仿佛置身于冬夜一个亲切的、暖洋洋的巢穴里。

最后那张"请勿吸烟"的幻灯片沉默地跳过去了。现在，一些模模糊糊的蓝灰色人影在白茫茫的银幕上走动着。一个语速均匀、嗓音严厉得有些刺耳的旁白使她想起来，加映的短片就是上星期看过的禁毒纪录片，上面那些形销骨立、面容枯槁的吸毒者曾使她一连几天的心情都变得很糟。她发现自己忘了把眼镜取出来。她有些轻度近视，不过大多数情形下，她已经习惯了裸眼看到的那个焦距模糊的世界。她在包里摸索着那只磨损的褐色眼镜盒，忽然她的手迟疑了片刻，似乎想到了那副难看的黑框眼镜架在鼻梁上的样子——直到《法国中尉的女人》的片头跳出来，她还在对这个闪念感到纳闷和好笑。

在她不多的印象里，和别人一起看电影的感觉多半是不愉快的，里面要么充斥着单位包场的大呼小叫，要么是介绍人的喋喋不休。最令人难以忍受的要算几个月前的那次，电影放映过程中，先是那位热情的办公室女同事毫无顾忌的大嗓门，然后是她带来的那个肿眼泡、大腹便便的汽配公司经理，后者似乎从头到尾都在炫耀他渊博的学识和不俗的谈吐——而那些所谓的博闻广识，不过是从火车车窗里一点点搜罗来的可怜的货色。

到了她这样的年龄，电影院里的浪漫故事已经比过去任何时候都来得绝望。不过，比起不得不硬着头皮去应付那些令人难堪的相亲,她宁愿选择这种过了时的老套——既不必没话找话,也不必尴尬地面面相觑。她只需全神贯注地望着银幕,而把对方当成恰好坐在邻座的观众。

借着银幕上闪烁的微光,她悄悄瞥了瞥旁边那张还有些稚气的脸,还有规规矩矩抱着肩膀的双手,很高兴他不是那种在电影院里闲不住的、喜欢多嘴多舌的人。这样,她就不介意和他一起分享自己秘密的快乐。

她啪的一声合上眼镜盒,戴上眼镜,随即就忘了这阵小小的尴尬和不适,渐渐被忧伤的剧情吸引住了。

……导演在升降机上发出了开机指令,现在,男主角挽着娇小、轻盈的未婚妻,那个身世良好的俊俏姑娘,穿过潮湿的街巷向海滩走去。一个披着黑色斗篷的奇特背影吸引了他视线。斯特里普演的那个孤苦无依的家庭教师斜着穿过嘈杂的人群,飞快地奔向防波堤的尽头:灰蒙蒙的大海拦住了她的去路。

阴霾的天空下,汹涌的海叫嚣翻腾着,狂躁地撞击着堤岸。有一瞬间,迷蒙的水雾和巨浪溅起的碎沫似乎已经把那个蒙受耻辱的纤弱的背影吞没了——她慢慢朝他转过身来,脸色苍白得可怕,冷冰冰的眼神里充满了深深的怀疑和弃绝。

画外传来一把喑哑的提琴绵绵不绝的啜泣般的低吟。她不停绞着双手,目不转睛地盯着银幕,似乎在奇异的转换中，感受那些溅落在脸上的冰冷的飞沫，那近乎绝望的痛苦——不被需要，没有人倾诉，还有暗夜里不断噬咬着的疯狂的欲望。她，就是莎拉!

银幕又变成了白茫茫的模糊一片。她努力睁大眼睛，随后，那个无助的形象再一次攫住了她。真可笑，这不过是场电影罢了。像往常一样，她在心里小声说着，不断嘲弄着自己，忍受着眼眶里慢慢积蓄起来的那种持久的压力，那种莫名其妙的想找个地方痛痛快快大哭一场的需要。她假装扶了扶眼镜，伸出食指悄悄抹掉了一滴顺着脸颊无声滑落下来的眼泪。

一只手从旁边沉默而有些突兀地伸过来，握住了她的。她身体微颤了一下，诧异地扭过头去，忘了掩饰鼻翼边两条闪亮的泪痕。她觉得那男孩似乎想说些什么。他的眼睛在黑暗中似乎出奇的亮。但他的嘴唇不知所措地翕动了几下，只是握住她的手轻轻摇了摇。她近乎感激地对他咧嘴一笑，有些窘迫地掉过头，不忍把手从那只递过来的友好的手里立即抽回来。

似乎从一开始，男主角和女主角疾风骤雨式的爱情就被赋予了某种剧痛、凄婉和致命的成分：莎拉，这个被肆意诋毁和践踏的不名誉的女人，渐渐对男主角，那个好奇的异乡人产生了奇异而神秘的吸引力——然而，可笑的婚约，还有周围轻蔑而又怀疑的眼神始终在困扰着他……

她再也无法全神贯注地投入剧情之中，仿佛心思被一只陌生的手意外拽离了。由于注意力的恍惚游离，那只手已经借助一连串隐秘的小动作，变得愈加大胆起来：它轻轻摩挲着她的手心。随后，一根冰凉的手指带着谨慎的试探，悄悄越过手腕和表带，在她手臂上来来回回划动。

她试图不动声色地把自己的手抽回来。这个软弱无力的动作不仅没达到预想目的，反倒促使对方下意识地抓得更紧了。这是她从未遇到过的情形。她在座位里难堪地挺直了身子，感受着从手背竖起的汗毛传来的所有细微而令人局促不安的触觉，不知道该怎么办。那只手的手心热烘烘、潮乎乎的，似乎不断分泌着黏腻而粗鄙的不适感，令人生厌，难以忍受。她用力往回拽了拽手，发现根本不可能挣脱出来。

"快丢手！"她压低了嗓门，有些发急地呵斥道。

不知是由于她突如其来的恼怒，还是因为那个朝这边绕过来的引座员——这位救星走到他们这一排时懒洋洋地打了个哈欠，随后在紧靠过道的座位里一屁股坐了下来——那只纠缠不休的手就像只受惊的小动物，倏地跳开了。那男孩有些怯生生地缩起肩膀，向她投来惊慌失措的一瞥。

她轻轻叹了口气，并不觉得受了什么侮辱，只是对那男孩沾上这种讨厌的陋习感到有些失望。她望了望他稚气未脱的脸，那上面难以掩饰的紧张，还有那种垂头丧气的神情，使她的嘴角不由得浮现一丝笑意。她顺着他惊慌失措的目光看着自己的手。那只指节略嫌粗大、没有血色的手似乎有些陌生，陌生得出奇。当然，他不可能向她要求更多的。

但是银幕上，他却不停要求着，为莎拉灼热而充满期待的眼神所眩惑：他几乎迫不及待地吻了她——哦，那又是个怎样的吻啊！蛮横，近乎掠夺，直至心醉神迷，不顾一切。他们几乎用全部生命疯狂地吻着……随即，画面移到了小旅馆嘎吱作响的床榻上。两个交欢的男女在上面默默无声地搏斗着，近乎绝望地索要着对方……

几乎同时，那只不安分的手悄悄移过来，按在了她微颤的膝盖上。这个动作如此突兀，令人猝不及防，她浑身一颤，愣怔着坐在座位里一动不动，震惊于他的放肆。显然误认为得到了某种默许，那只放肆的手带着可怕而沉重的触觉，开始缓慢地向上移动。她惶恐不安地推挡躲闪，想把它奋力拨开，不料却更加坚定了对方的决心。她不由得涨红了脸，气愤地抓起包试图站起来，却在用力拉扯之中反倒跌入了对方的怀里。

就这样，两个人似乎陷入了互相角力的僵局。她拼命挣扎着，挥舞着拳头狠狠捶打着对方的胳膊，指甲在他手背上疯狂地又抓又挖，同时用无助的眼睛瞟着不远处的引座员。那个偷闲打瞌睡的中年妇女似乎被这阵异常的响动惊醒了，不时回过头望着这边。每当她回过头，她就不得不停止反抗，身体在座位里蜷缩成一团。

"再不松手我就喊人了。"她严厉地警告道,有意抬高了声音。

"嗷,救命啊!"对方嬉笑着喊道,嘴里一股热烘烘的浊气喷到她耳根上。"要不,我来帮你大声喊吧——她知道我们是一起来的。"

由于这声夸张的怪叫,那个引座员不满地嘀咕了几下,反而见怪不怪地重新低头打起盹来。跟着,对方的进攻似乎也变得更加下流和放肆起来。"别。请你别这样。"她不停呻吟着,眼前浮现出各种可怕的画面:围观者的哄笑,怀疑而充满耻笑的询问,还有那男孩随心所欲编造的谎言……她把包紧紧抱在胸前,脑袋几乎抵着蜷起的膝盖,而无孔不入的爪子仿佛从周围各个方向可怕地骚扰着她。

一种异样的疲倦感突然攫住了她。她无力地松开手,任由两只肮脏而富有经验的爪子在身上游动着。她感到自己不停扭动的身体已经开始做出可耻的回应,感到兴奋的身体正充满恶意地渴望对它的肆意羞辱,渴望彻底的堕落。她闭上眼睛,任由自己被这个邻座的陌生人,被这个强壮、年轻、看上去一脸纯洁的无赖,这个得意扬扬的小流氓侮辱着。她感到眼泪在往外涌,她不知道是因为屈辱还是因为悲伤。

她不知道自己是如何逃离电影院的。一辆正在拐弯的小汽车擦着人行道飞驰而过,发出刺耳的刹车声,使她意识到自己已经在大街上。臂弯里的挎包不时在腿上磕磕绊绊，像拖着一条怎么也甩不掉的累赘而又多余的尾巴。寒冷刺骨的雨点迎面扑来，不停灌进她的脖子，冻得她瑟瑟发抖。她的脸是湿的，那件变成深色的大衣也已经湿透了，变得异常沉重，使她始终迈不快步。

她把雨伞忘在了电影院。这么大的雨，她有些恍惚地想，而她竟然会把雨伞落在了那里。现在，她看起来一定像个不折不扣的疯子。

雨已经大得分不清密集的雨脚。有几个人拼命奔跑着，从后面追赶着一辆公共汽车。马路两边热闹的灯光夜市已经早早地收摊了，剩下几家支着简易帆布的排挡也开始把桌子和椅子陆续堆到三轮车上。摊位前没有一个顾客，只有几条半死不活的鲫鱼，在塑料盆里睁着呆滞的眼珠。一种孤苦无依的绝望感又涌了上来，嘴里似乎充满了苦涩的滋味。

哽噎着，她不得不迅速拐进旁边一条小巷，紧紧夹着包，蹲在一个垃圾箱边抽泣起来。雨水似乎把附近的一桶灰渣融化了。肮脏而细窄的水流从垃圾箱流向半堵塞的阴沟，在那里形成了一个浑浊的水洼，上面漂浮着烟头、纸屑和橘子皮。她蹲在水洼边，久久地抽泣着，浑身颤抖……不知过了多久，她恍恍惚惚觉得，似乎有只胆怯的手从身后伸来，试探地轻拍着她的肩膀。她没有回头，只是继续绞着双手，湿乎乎的脸深深埋在胳膊里，无声地啜泣着。

四号鱼钩

1

那个跛脚理发师慢腾腾地抖开一块脏兮兮的围布,回身对我招招手。我揉了揉犯困的眼睛,一百个不情愿地爬上那张锈迹斑斑的理发椅。围布上一股浓重的汗馊味顿时呛得我喘不上气来。他按住我的脑袋,对着镜子端详了片刻。

"稍微弄快点,小孩子的头没那么多好讲究的。"

妈妈略微皱了皱眉,抓过椅子上那把破蒲扇不停扇着风,她急着要赶去离镇上十几里远的公社中学开会。刚刚开始放暑假,学校里总有开不完的会。

"阿姐,你家儿子以后胡子蛮兴的。"跛脚一只手按着我的脑袋,扭头对妈妈说。

我暗暗盼着他从口袋里摸出那把折叠刮胡刀,在门后挂着的皮条上嗖嗖地来回磨几下——人家说,多刮几次胡子就长出来了。他没有。只是一遍遍试着电动推子上的旋钮。

"是啊是啊,就像他老子一样,"在一阵难听的嘎嘎声里,我听见妈妈不耐烦地应道,"哎,我说家祥,你能不能弄快点?"

"再快就不是剃头,是杀头了。"跛脚摸摸夹在耳朵上的烟,仍然不紧不慢地说。

跛脚名叫冯家祥,不过妈妈让我喊他娘舅,这是镇上的规矩,跟苏州城里不同。跛脚的爷爷是以前木渎镇上唯一的剃头匠,后来把手艺传给了跛脚的爸爸,而他爸爸又把手艺传给了他。就是这样。就像妈妈的爷爷是开肉铺的,所以如果不是解放,外公还要去杀猪,就不会做石家饭店的经理——阿弥陀佛,这都是命里注定。早晓得,杀猪也比做石家饭店的经理好。这些都是外婆告诉我的。

"怪不得呢——都像你这么慢腾腾,半个家婆也讨不来的。"妈妈生气地说。

"哎,哎,"跛脚一边像鸡啄米般连连点着头,一边按住我拼命扭来扭去的脑袋,"不过快了,就快了。"

"是不是跟明珠阿姨?"我朝妈妈瞥了一眼,忍不住问镜子里的跛脚。

"你为什么不自己去问她呢?"他有些得意地龇着牙,做了个鬼脸,"反正快了。"

这个跛脚,去年夏天我来木渎过暑假的时候,他就说要结婚了,今年来还在说快了快了。他好像根本不知道这件事早就在镇上成了一桩大笑话,还在神气活现地到处跟人吹嘘说,他要去一趟上海,到王开照相馆拍结婚照,在南京路买几身新衣裳。而新娘子不用问,当然就是镇上最漂亮的姑娘戴明珠。

有一天,戴明珠路过篾器店,大家终于忍不住喊住她,问她打算什么时候去上海。什么去上海,戴明珠有些奇怪地反问道。去上海做什么?和家祥拍结婚照啊,大家一齐说。哎哟,你们是说那个跛脚呀,戴明珠终于回过神来,顿时就叽叽咯咯地笑弯了腰。他还说要带我去爬黄山呢——你们相不相信?

当然没有谁会相信。哪怕跛脚没有得过小儿麻痹症,哪怕他追丢了脚后跟,也还是追不上眼睛长在额头上的戴明珠。跛脚浑身上下瘦得像根芦柴棒,脖子也跟麻鸭一样又细又长。有时候他来外婆家找四舅玩,勉强脱下那件平日扣子系得紧紧的衬衫,光着膀子跟四舅在小方桌上下象棋,外婆就会在旁边自说自话地叹息道,家祥啊家祥,你看你身上那几两精肉,恐怕也只有老四的爷爷看了才中意。

不止一次,我偷偷趴在理发店的窗户外面,看跛脚给戴明珠理发。戴明珠架着腿,眼睛懒洋洋地半睁半闭,而跛脚却紧张得满头大汗,像只没头苍蝇绕着她到处乱转。他哆哆嗦嗦地握着梳子和剪刀,像是要在她头顶上描红绣花;越是小心翼翼,他的手就哆嗦得越厉害。等戴明珠哼着歌,站起来对着镜子左顾右盼，他总算喘过一口气来，像是想起什么似的，扭过脸，装出一副凶巴巴的样子，狠狠瞪我几眼。

"你今天去挖蚯蚓了吗？"我看见跛脚的长指甲缝里嵌满了泥垢。

"我就要结婚了，哪里还有时间去钓鱼。"跛脚吹了吹粘在手背上碎头发，"再说现在也钓不到鱼。"

"为什么呢？"我不依不饶地问。

"为啥？因为天太热了，鱼都躲到深水里去啦。"

2

每天中午只要一撂下饭碗，我就盼着外婆带我去篾器店玩。外婆不像妈妈，她从来不怕我在街上走丢，或者是上什么坏人的当。不管我躲在哪个旮旯里，她只消站在篾器店门口的台阶上喊上几嗓子，没过多久总会有人把我拽到她面前。

在木渎街上几乎没有谁不认识外婆。她个子很矮，说话的嗓门很大，走起路来快得像一阵风。我觉得，外婆紧紧牵着我走在街上的样子，真是神气极了。从家里到篾器店那段不长的街路上，她就跟哪个中央首长检阅木渎镇似的，不停地跟两边各色各样的人打着招呼。

"哎哟哟，这个是苏州外甥哇。"一个满脸浅麻子、有点面熟的陌生中年妇女大惊小怪地嚷嚷着，从街对面一下跳过来。她用力捏了捏我的鼻子,把手里嗑剩的一把黏糊糊的葵花子不由分说塞进我口袋里。"嗬,长得比你外婆还高了。"

外婆乐呵呵地收住脚,拉着我站在杂货店天棚下。"喏,这个是明珠阿姨的姆妈,就是教你追着樊家舅妈喊丈母娘的那个,你记得吗?"

戴明珠妈妈顿时笑弯了腰。她响亮地拍着大腿,笑得几乎喘不上气来。"那次……嘻嘻,那次樊家里的在街上被他追得……追得躲进了厕所……哎哎,想想真是要笑煞人了。"

戴明珠妈妈可真够讨厌的。她长得又高又胖,大家都说她长得丑,我现在发现她还有些十三点兮兮哩——真不知道她怎么会生出个娇滴滴的戴明珠来。难怪跛脚对她恨得要命又怕得要死呢。我常常听跛脚跟人偷偷嘀咕说,戴明珠她妈恨不得拿她女儿也拆开零卖呢。她和外婆一样也是营业员,就在电影院小卖部上班。前年我还巴巴地跟在四舅他们后面,去电影院找她看过免费电影。

当年的木渎镇还保持着简单的丁字形格局。竖的那条叫南街,横的两条分别叫东街和西街。丁字路口当然是镇上最热闹的地方,电影院、长途汽车站、邮局、镇政府还有百货商店都集中在那儿。外婆工作的篾器店恰好就在"丁"字的那个钩上,在信用社的隔壁,理发店的斜对面。

篾器店里长年散发着一股好闻的清香。里面除了堆满竹篮箩筐之类的篾器外,也卖锅碗瓢盆和各种笨重的铁制农具。不大的店堂当中，最显眼的就数悬在梁上的那只装钱的木匣子，只要有顾客来买东西，它就通过一只嘎吱作响的定滑轮降到柜台上。有时候，钱匣子升上去很久了，那些顾客仍然拖泥带水地趴着柜台，和外婆有一搭没一搭地闲聊。

要是没什么人到店里来，时间就变得又慢又长。灼热的太阳光似乎把空荡荡的南街切成了亮和暗的两半。外婆一只手叉腰走到门口，大声呵斥着几个邋里邋遢的小男孩，他们一直在用小石子砸一条瘸了后腿、同样邋里邋遢的癞皮狗。那条可怜兮兮的老狗每天下午都去面馆后门边的垃圾箱扒拉食物。

在街的对面，理发店一过中午就拉下窗帘，就像打烊了一样，不知道跛脚是躲在屋子里，兴颠颠地计划他的婚姻大事，还是又溜到东街或是船闸桥那里钓鱼去了。我才不稀罕跟他去钓鱼呢。他钓鱼的时候臭规矩特别多，不许我在河沿上跑来跑去，不许在旁边说话，连大声喘气也不行。有时候，我在小板凳上坐得腰酸背疼，眼巴巴等了大半天，结果他钓上来的只不过是几条喂猫的小鱼。你知道，这条河里的鱼已经成精了，它们总是吃掉蚯蚓然后把鱼钩吐出来，跛脚只好厚着脸皮跟我吹牛说。下次我准备换四号钩，钓条大的给你看看。

我踮起脚，呆呆地望着中间那排货架。那里摆着一溜用硬纸板做的小盒子，里面分别放着鱼漂、尼龙线和各种规格的亮晶晶的鱼钩。有一次跛脚问我,那些鱼钩像不像张开的嘴巴——它们看上去就像是和鱼说话,它们不停地说真好吃真好吃,有些笨鱼就上当了。要我猜,跛脚可能也想用这个办法来对付戴明珠,他不停地说结婚好结婚好,说不定哪天戴明珠被他说得头昏脑涨,就糊里糊涂地跟他结婚了。

"外婆,"我扭过头问,"家祥娘舅这几天有没有来买鱼钩?"

外婆漫不经心地应了一声。她正隔着柜台和一个人小声谈着什么。那人看上去像是干部模样,穿着件的确良白衬衫,三七开分头梳得油光光的,连苍蝇飞上去都要跌跟头。

"是啊,十年都这么过去了,也不急一天两天了,"外婆点点头,隔了半晌,低着头叹了口气说,"唉,就算……又有啥用场呢?现在连人都不晓得在哪里投胎了。"

"你家外甥见过外公吗?"

"见过的哦,小松,"外婆说,"还抱着他去拙政园玩呢。"

这时候四舅两只手抄着裤兜,从丁字路口那头一摇一晃地走了过来。他慢腾腾走进店堂,在我头上敲了几个"毛栗子"。新剃头要敲三记,他笑嘻嘻地说,好像根本没看见外婆正和人谈事情呢。

四舅平常一点不像身上有病的样子,只有等别人问起来,他才开始生病。他说他骨头痛,关节痛,浑身上下都痛。他说农场上再苦，也没有生这种促狭的毛病苦哇。这样人家就不好再说什么了。四舅是木渎镇上我最佩服的人。我也情愿生毛病，不情愿去学校。妈妈经常略带嘲讽地说，这就叫外甥不出舅家门。

四舅抓过柜台上的搪瓷茶缸，咕咚咕咚灌了几口凉开水。"贾主任，你又在请我姆妈吃空心汤团了吧？"他擦擦嘴，满不在乎地乜了那个人一眼。"我跟你讲，这件事情根本不是我们要怎么样，是你们到底准备怎么样……"

"老四你别乱插嘴，"外婆拿眼睛瞪了瞪四舅，"小猢狲懂什么！贾主任你千万不要放在心上哦。"

3

四舅只比我大九岁，我和他走在木渎街上，大家都说他不像舅舅，倒像是我哥哥。有啥办法哟，我这外甥就喜欢跟大人玩，他总喜欢故意装出一副为难的样子，摸着后脑勺解释说。我才不管这些呢。我就像跟屁虫一样一步不落地跟着四舅，他被我缠得没办法了，就会答应晚上带我去戴明珠家看打牌。

戴明珠家在东街河沿上。一点看不出那个破败不堪的大杂院，解放前就住着木渎镇上赫赫有名的石家饭店老板。进了门，穿过堆满杂物的轿厅和天井，迎面就是一间黑乎乎的大得吓人的客堂。有一次我偷偷数了一下，客堂里一共摆了十一张饭桌。

我紧紧拽着四舅的汗衫下摆，跟着他穿过曲里拐弯的夹弄和黑漆漆的厢房，磕磕碰碰地爬上楼梯。那段踩上去嘎吱乱响的木楼梯已经烂得不像样子了，好像随时都可能塌下来。每次没等我们爬到楼梯拐弯的地方，戴明珠叽叽咯咯的笑声就已经透过板壁传了过来。

我们进门的时候，先到的卜东生和"箍马桶"已经坐在草席上等半天了。戴明珠赤着脚，穿了条白色连衣裙。她来回晃着湿漉漉的长头发，把水珠不断甩到他们两个身上。卜东生是镇上的电工，长得矮墩墩的，总喜欢向我炫耀他的胸肌和二头肌，不过我想他大概光顾着练上肢了，两条腿还和平常人一样，看上去和粗壮的上肢有些不成比例。"箍马桶"是顾国庆的绰号，他说起话来细声细气的，有事没事总背着个马桶包到处晃悠。他家的什么亲戚好像是县上的干部，因为四舅老是拿这个开他的玩笑。来戴明珠家打牌的，全是四舅要好的高中同学。而卜东生和顾国庆几乎每次必到——我猜他们可能和跛脚一样，也想和戴明珠结婚，所以才故意装出一副狼狈不堪的样子来逗戴明珠高兴。

不知为什么，四舅他们从来不喜欢把牌桌搬到天井里，或者是凉风习习的河埠上——这时候，差不多全木渎镇的人都闹哄哄地坐在露天乘凉。戴明珠家在最后一进的楼上，里面又闷又热，只有一扇临河的小窗。有段时间，戴明珠的房间几乎就成了一个热闹的俱乐部，四舅他们几乎天天去那里打牌、抽烟、聊天。

不过通常情况下，不管是打牌还是聊天，他们都会在十点钟之前结束。因为到那时夜场电影就差不多散场了，他们要赶在戴明珠妈妈下班回家前逃跑。戴明珠妈妈是那种要强得有些蛮横的女人，镇上每个人都不得不让她三分。外婆说，苦就苦了戴先生，自从讨了她做家婆就成了一个受气包。在木渎街上，戴明珠爸爸是唯一一个倒马桶的男人。连戴明珠都好像有些瞧不起他，只要他一露头，她就一脸不耐烦地打发他干这个干那个。

戴明珠在学校比四舅他们低一个年级。她在丁字路口的邮电所上班。我经常央着四舅带我去邮电所玩。我们一去，戴明珠就会热情地捧出一大堆新到的杂志给我，然后趴在柜台上，拽着四舅叽叽喳喳说个不停。有一次，他们东拉西扯地谈到《战斗的青春》，戴明珠就问，那些人怎么笨到连高山是男是女都不知道呢？四舅就在鼻孔里轻蔑地嗤了一下。因为高山长得太丑了，他说。

戴明珠体态丰满又非常匀称，皮肤雪白，眼睛又黑又亮。大家都说她是个大美人，有点像当年的电影演员王晓棠。戴明珠平时在人前似乎也竭力加强这种印象，她把乌黑发亮的辫子拆开，一笑起来就觑着眼浑身乱颤，就好像全身上下没有一根骨头似的。她在牌桌上和人怄气的样子就更好玩了。为了充分表达她的愤怒，她总是飞快地摔掉牌，抢过别人手里的香烟狠狠地抽上一口，那样子活脱活像是《英雄虎胆》里王晓棠演的那个女特务。

戴明珠怄气多半是因为四舅不同意她耍赖。他们经常用扑克牌玩"抽乌龟"。每当戴明珠尖叫着，涨红了脸，把手里的牌拼命藏到背后，卜东生他们就开始起哄，说她在屁股底下藏了只乌龟——戴明珠的手气总是特别臭，结果不是被罚坐在卜东生自行车后座去公路上兜风，就是要立下字据陪"箍马桶"看电影。要是落在四舅手里她就更倒霉了，不是扮猪哼哼就是学鸡叫，还要和周扒皮的鸡叫一模一样。

"城里小瘪三，倒蛮会幸灾乐祸的嘛。"

戴明珠乜了我一眼，冷不丁扑过来，在我胳膊上狠狠拧了一把。虽然她和她妈长得一点都不像，但她妈妈的神经兮兮难免会遗传一部分给她。她打牌的时候有个坏毛病，喜欢无缘无故地掐人，又掐又拧。我发现，就连卜东生他们也躲她远远的。我吃过几次亏就学乖了，一直缩在四舅身后。戴明珠没什么人好掐，就只好一个劲掐她自己。

我想，戴明珠那么喜欢掐人，可能是她觉得掐是一种享受，因为她腿上胳膊上到处是蚊叮虫咬留下的又红又痒的小疙瘩。有一次"箍马桶"想拍戴明珠的马屁，说蚊子喜欢咬她是因为她的肉香。卜东生就在一边拆台说，鲫鱼比蚊子还要喜欢呢，否则跛脚才不会那么着急想和她结婚。

一说到跛脚，戴明珠顿时就气歪了脸。她看上去本打算挖空心思想出一句绝妙的骂人话，不过没想出来，隔了半天只好有些悻悻地说："这个花痴。"

"箍马桶"就问她："要不要改天找几个人替跛脚松松骨头？"

"人家不过在肚皮里想想而已，"四舅不屑地撇了撇嘴，"想想又不犯什么法的。"

"你也是跛脚啊？"戴明珠没好气地白了他一眼。

没过几天，"箍马桶"到底还是想办法捉弄了跛脚。他送给跛脚一张电影票，说是戴明珠约他看电影。他把另外一张电影票塞给了戴明珠妈妈。

4

四舅把我抱进木桶，用力一推，随即就一个猛子扎进水里不见了。那只洗澡用的木桶顿时在河上晃晃悠悠转起圈来。我有些手忙脚乱地抓着又笨又重的木桶，生怕它一不留神卷进哪个旋涡里去。四舅说这河浜一点都不深，可是下河后没趟几步，水就已经没到了我脖子。更倒霉的是，我的脚底板还被码头边锋利的碎碗片划破了。

从开阔的河面上望去，沿岸那些低矮的房屋似乎比迎街的那面更加破旧不堪。稍嫌浑浊的河水挟裹着稻草和烂菜叶,在条石驳砌的墙基下缓缓地涌动着。大片青灰色的屋脊之上,落日就好像一只硕大的橘黄色气球,悬浮在灵岩山微茫的远景里。我看见四舅飞快地劈开河上的粼粼波光,游到了斜对面的河埠边。本来在河埠旁边猫腰摸螺蛳的卜东生这会儿正觍着脸,和几个洗衣服的妇女说笑着。

木桶四周突然钻出了七八颗刺猬般的脑袋,这些浑身上下晒得像黑炭的野孩子似乎存心想出我的洋相——谁都知道我是属秤砣的,沉到河里连个水泡都冒不上来。他们哄笑着,不断往木桶里泼水,有个小子还想趁机爬进桶里,被我狠狠掐了几把,疼得他哇哇直叫。这一招可是戴明珠教我的哩。

一艘救命的机帆船终于从船闸桥那边突突驶来。他们丢下我,争先恐后地扑腾着迎了上去。我有些眼热地目送他们惬意地把身体吊在船帮上,搭上好长一段,然后等下一艘船再把他们捎回来。随着过船时涌起的阵阵碎浪,木桶又开始了令人担心的颠簸和摇晃。我两只手拼命在桶边划着,想把它靠上最近的码头,可是划拉了半天,那只该死的木桶非但没有一点要往前走的意思,反倒又开始晃晃悠悠地转起圈来。

对面河埠那边传来一阵放肆的笑声。"喂,外甥,要不要我把搓衣板借给你?"其中一个笑得最凶的妇女嚷道。

"好啊,"四舅湿漉漉的脑袋终于从不远处的河面上冒了出来,"哎呀,那么你们家建国晚上跪什么呢?"

"跪你个头！我说阿四头，你身上的毛病好像越来越重了，是不是不到河里浸浸骨头夜里就没法子过了？"

"这就叫贱骨头，懂吗？不在床头跪一跪还要不舒服呢。"

四舅在水里漂亮地翻了个身，伸手抓住了木桶。随即，卜东生的脑袋也从旁边冒了出来。他在脸上胡乱抹了几把，有些不服气地提议和四舅来次长距离比赛，终点就是东街戴明珠家——这个卜东生，他总想抓住一切时机在戴明珠面前表现表现。卜东生倒不是不知道自己的斤两，不过就像馋狗看见了肉案上的骨头，忍不住要围着乱转悠一阵。

现在轮到我神气活现地坐在桶里，像赶车的马夫一样不停挥舞着假想的鞭子。而四舅和卜东生呼哧呼哧喘着气，轮流推着木桶，带着我朝东街方向游去。刚游进东街，我就一眼看见了瘦骨伶仃的跛脚。他正撅着屁股，在自家河码头上冲凉。跛脚在冲凉时仍滑稽地穿着长裤。他背对着我们，提起大半桶水劈头盖脸地浇在身上。

"家祥娘舅——"我得意扬扬地大喊了一声。

跛脚呆了一下，有些狼狈地跳着脚，朝屋子里张望着。他当然想不到会有人从河的方向叫他。自从被"箍马桶"捉弄了以后，跛脚就再也不来找四舅下象棋了。每天黄昏，他就在家门口摆上方凳和椅子，自己和自己下棋。在木渎镇上，除了四舅谁也不是他的对手。四舅说，跛脚这是在生他的气呢。跛脚是想告诉全木渎镇的人，他在生四舅的气。

"不过我一点都不想跟他解释——他喜欢生气就让他生气好了。"四舅有些生气地吐了口唾沫,对卜东生说。

"对对,"卜东生眨巴着眼,疑惑地点点头,"你说的有道理。"

卜东生这个人好像没什么脑子,但总喜欢装出一副聪明人的样子。不管人家说什么,他从来只会严肃地点点头说,有道理。四舅说戴明珠是聪明面孔笨肚肠,要我说啊,这个卜东生就是糊涂面孔笨肚肠。他脸上长满了疙疙瘩瘩的粉刺,跟人说话时,就不停用手挤着那些难看的疙瘩。

"明珠,戴明珠——"

卜东生眼巴巴地喊了半天,戴明珠终于懒洋洋地从窗口探出头来。"咦,你们怎么游到这里来了?"她吐掉嘴里的瓜子壳,一脸惊讶地问。

"快点放根绳子下来把我拉上去吧,"卜东生说,"我浑身上下一点力气都没有了。"

"喏,东生可能觉得这样和你说话比较浪漫。"四舅笑嘻嘻地说。

戴明珠故作嗔怒地白了四舅一眼。"原来你也会嚼舌头!"

她趴着窗台和四舅说笑着,却连眼皮都不朝卜东生那边抬一抬——除了偶尔心血来潮会拿他寻开心外,她好像从来就不给卜东生好脸色看。有什么办法呢,人越长得漂亮,脾气就越刁蛮。不要说她,现在就连她妈的尾巴也跟着翘上了天。那天早晨,戴明珠妈妈就堵着理发店门,指着跛脚鼻子骂他是癞蛤蟆。我们家明珠可是要嫁到苏州城里去的,她说。她像是当场逮着了一个想偷她家宝贝的小偷似的,又是拍腿又是跺脚,把可怜的跛脚骂了个狗血喷头。真是作孽啊,外婆回家说,冯家祥就像只瘟鸡一样低着头,气得浑身抖个不停,后来剃头的时候把信用社孔会计的耳朵都剪豁了个口子。

"喂,明珠,"卜东生有些酸溜溜地说,"上个礼拜天你和国庆拍照片怎么不叫上我呢?"

"你想拍什么照?"

"当然是和你拍……啊,对吧?"

四舅对卜东生吐了吐舌头。"我看我们还是识相点,赶快逃命吧。说不定她妈妈正躲在旁边听壁脚呢。"

"等等啊。"戴明珠微红着脸,嗫嚅了片刻,随后像是想起了什么,飞快地缩回身子。过了一会儿,她提了只吊桶回到窗口。她把吊桶慢悠悠地放到河面上。

"请你们吃冰棒算不算赔礼道歉?"

四舅说:"你是不是要我把这根棒冰带给家祥?"

"你会知道的。"戴明珠突然板起脸,收起吊桶掉头走开了。

没过几天,戴明珠和跛脚两个人看电影的消息就在镇上传开了。谁也想不到,戴明珠真的会和跛脚去看电影,而且还在她妈妈的眼皮子底下。这下,我猜戴明珠妈妈恐怕连鼻子也要气歪了。跛脚终于又来找四舅下棋了。不过,他始终没有跟四舅解释什么,四舅也从来不问他。有好几次,我想问问跛脚看电影的事,但是看着他和四舅皱着眉头,恨不得整个身体都趴在棋盘上的样子,就只好又把话咽回去,自己到天井里玩去了。

5

"你今天一下午又疯到哪里去了?"妈妈在灶台前忙得满头大汗。她沉着脸瞪了我一眼。"还不快去把水缸里的水提满。"

妈妈最近脾气不太好。眼看快开学了,学校已经把她的课排在了下学期的课程表上。她前前后后忙了大半年的调动,这次看来又要泡汤了。我可不想在这种时候招惹她,赶紧一溜烟穿过堂屋去井台提水。

后脚进门的跛脚识相地哈了哈腰,把钓鱼竿和鱼篓放在门边。他摘下草帽扇着风,脸上挤出一副赔小心的笑容。他有点怕我妈,有时候我觉得他比四舅还要怕。因为妈妈也当过几天他的代课老师——有谁不怕老师呢。虽然妈妈有时候还拿跛脚来教育我,她说当年他连跳了两级,期终考试还照样拿年级第一。

"阿姐,小松是陪我钓鱼去的,"跛脚说,"他也难得下来过个暑假。"

"这小赤佬从小让爷爷奶奶惯坏了,我接他下来就准备要收收他骨头的。"

"是啊是啊,"跛脚一边像鸡啄米般连连点着头,一边隔着灶间的窗子冲我扮了个鬼脸,"姐夫最近有没有从上海写信到家里来?上次我托他买的毛线……"

唉,可怜的跛脚不知道他已经在无意之中捅上了马蜂窝,还在讨好地和妈妈东拉西扯哩。

"写信写信,就算天天写信又有什么用!"妈妈没好气地说。她本来一肚子气就没地方出呢,这会儿正好借机数落起跛脚来。"家祥啊家祥,不是我说你,都这么大人了,一天到晚不是钓鱼就是下棋的,也不知你到底在想什么心思。"

"是啊。你说我现在还有什么心思好想的呢?"

"家祥来啦,"从河埠上洗衣服回来的外婆笑眯眯地放下脸盆,仰着脸打量着像根竹竿一样站在灶间门口的跛脚,"电影都看过了,你准备什么时候请我们吃糖啊?"

外婆真是老脑筋,她还以为看了场电影就算正式谈恋爱了呢。要照她这样算,戴明珠恐怕都谈过几十次恋爱了。不过,戴明珠和"箍马桶"他们看几十场电影都算不了什么,和跛脚只去了一次电影院,马上就成了镇上一条爆炸性新闻。

"快了快了,"跛脚有些懊恼地说,"反正会请你吃糖的。"

"家祥你也算是个聪明人,怎么在这件事上偏偏就笨得碰鼻子不会转弯呢,"妈妈依旧气哼哼地教育着跛脚,"要我说,你这纯粹是在自讨没趣。别说戴明珠了,我看她那个凶巴巴的姆妈就有你好看的。"

跛脚挠着后脑勺,鼻子里吭吭哧哧的不说话。我觉得这么说跛脚太不公平了。戴明珠妈妈又有什么了不起的,她就从来不敢和外婆凶。做老师的总喜欢这样,只要逮着什么就说个没完没了。妈妈也不例外。她好像还当他是自己班上的学生哩。幸亏跛脚是老实头,脾气又随和,否则不生气才怪呢。

"除非你像人家一样,也有门路把自己弄到苏州去。"

妈妈说的"人家"就是顾国庆。前几天他亲戚把他安排到了县委招待所工作,那个招待所就在苏州城里。为这个妈妈又生了半天闷气。忙了十几年,调动申请打了一麻袋,还给人送鸡送鸭,他倒好,只要亲戚轻轻巧巧说上几句话,她愤愤不平地跟外婆嘀咕说。现在小松都这么大了——你说如今这世界有什么道理好讲?

尽管没什么道理可讲,妈妈还是逢人就说个不停。这会儿,说着说着她那股无名火就又冒上来了。她一边说,一边在灶间把锅碗瓢盆摔得乒乓乱响。外婆摇着头,叹了口气,去给外公的灵位上香。那个灵位外婆在大衣橱里偷偷藏了好多年,最近才拿出来摆在堂屋里。灵位后面的墙上还挂着个镜框,里面是外公年轻时候的黑白照片。

外公是跳河自杀的。他水性好怕自己淹不死，跳河前还在身上绑了好几块石头——街上的人都说外公太爱面子了，当年那么多人被押着游街，偏偏就他死活想不通。外婆听了非常生气。一个人活就活在这张皮上，她叉着腰，愤愤不平地说。我和你们说，要是他第二天插着牌子游街，说不定就是我去跳河了。

"小松最喜欢吃鱼了，跟他外公一样。"外婆上完香，扭头对有些神思恍惚地蹲在井台边剖鱼的跛脚说。

"家祥娘舅，你和明珠阿姨看的是什么电影？"我放下吊桶，大着胆子问。

跛脚低着头不吭声，只是用力刮着鱼鳞。大家总夸赞跛脚有一双巧手，不管是给机械表上个油还是捣鼓个半导体收音机什么的，他都无师自通，不仅和修理铺比起来一点不差，而且还分文不收。不过，他刮鱼鳞的样子可真不怎么样。

我说："明珠阿姨和'箍马桶'就看过好多次电影呢。"

我这么说的意思本来是想安慰他，因为镇上的人最近老是拿这件事笑话他。他们一见到他就问，昨天晚上是不是又去看电影了，就好像和戴明珠看电影是件多么丢人的事似的。没想到跛脚突然跟我发起火来。他莫名其妙地把我臭骂了一顿。

"你这小孩怎么这么讨厌，"他说，"下次再死乞白赖地跟在我后面，小心我揍你。"

哼，好像我真的稀罕做他的跟屁虫似的。跛脚连鱼肚都没有剖，扔下剪刀就怒气冲冲地走了，弄得本想留他吃饭的外婆在后面连喊带追，回到屋子里还疑惑地嘀咕了半天。

6

暑假过去以后，我一肚子不情愿地回苏州上学。有个星期天中午，我去道前街上的浴室洗澡，路过县委招待所的时候，迎面碰到了叼着烟在门口闲逛的顾国庆。他神气活现地叫住我，非要拉我去他宿舍玩。几个月没见，"箍马桶"似乎比以前更喜欢出风头了，皮鞋擦得锃亮，原来的马桶包也换成了一副时髦的平光镜，可他宿舍里却又脏又乱，比狗窝好不了多少。

我怎么也没有想到，"箍马桶"的床头柜上竟然放了一张他和戴明珠的合影。照片上，他正亲热地勾着戴明珠的肩膀，而后者则没心没肺地微笑着。连傻瓜都不会不明白这是怎么回事。我忍不住有些替跛脚难过。这会儿他肯定还蒙在鼓里，正在那间破理发店里美滋滋地做白日梦呢。一想到戴明珠妈妈咧着笑得合不拢的大嘴，走在木渎街上的那副得意劲儿，我甚至觉得连戴明珠也变得俗气和讨厌起来。"箍马桶"多半是想讨好我，屁颠颠地拿出一堆大白兔奶糖，还要给我削苹果。他说他在苏州难得遇上以前的老熟人，所以特别高兴。

我懒得搭理他，借口要去浴室排队就怏怏不乐地离开了。

转年春天，四舅进城报考大学，我又陪他去了趟"箍马桶"的宿舍。那张照片还搁在床头柜上。不过，那天四舅除了唾沫乱飞地和"箍马桶"谈论考试外，似乎对其他任何事情都提不起精神。从"箍马桶"的宿舍出来，我问他有没有注意到那张照片，他连一点反应都没有，只是有些心不在焉地眨巴着眼，嘴里哦哦应着。怪不得人家都说书读得越多人越糊涂呢，我看四舅自从把自己关在家里复习了大半年，也快变成一个书蠹头了。

那年冬天，外公终于平反了。外婆特意去灵岩寺烧香还了愿，然后用抚恤金在石家饭店订了一桌团圆饭。寒假开始没几天，她就托人捎口信到苏州来，让我们务必去木渎过年。为了帮外婆办年货，妈妈在苏州家里没待几天就回了木渎，而我一直眼巴巴地等到小年夜才和爸爸动身。往年春节我们都是在苏州和爷爷奶奶一起过，我还从来没有在木渎过过年呢，再说因为年初爸爸从上海调回了苏州，我整个暑假都不得不老老实实待在家里温课。

隔了一年半走在木渎的街上，一切依旧是老样子，只是丁字路口革委会门前的牌子像城里一样，换成了木渎镇人民政府。街道里弥漫着一股淡淡的硝烟味，有些孩子已经迫不及待地在街上扔起了电光炮。我和爸爸提着大包小包走出长途汽车站的时候，卜东生正骑在镇政府门口的电线杆上拆高音喇叭呢。他从老远就看见了我们,两只脚夹着水泥杆哧溜一声滑到了地面。

"稀客稀客,"他摸了摸我的脑袋,对爸爸说,"姐夫,你这是第一次来木渎过年吧?"

他亲热地管爸爸叫姐夫,其实爸爸根本没见过他。爸爸肯定把他当成了镇上的什么工作人员,客气地给他递了支烟说:"是啊,我们特意来吃团圆饭的。谢谢你们——等了这么多年,小松的外公总算平反了。"

"对对,你说得有道理。"这个卜东生!他还跟以前一样,就只会装模作样地连连点头,搞得不明就里的爸爸只好尴尬地搓着手,不知该如何应对。

我问他为什么要拆这些喇叭。"因为要拆呗。"他有些不高兴地回答道,一边像只狗熊一样慢腾腾地朝电线杆顶上爬去。卜东生一直到我上高中时,才从电线杆上摔下来。四舅说他喝了酒以后逞能,死活不肯系安全带。他摔死的时候刚刚结婚,新娘子当年就是木渎广播站的播音员,在追悼会上她哭得死去活来——街上人都说,卜东生是她的前世冤家,当年拆了她的广播喇叭不说,最后还让她做了寡妇。

吃过中饭,我陪妈妈去理发店做头发。又狭窄又破烂的理发店里挤满了赶着过年的顾客。跛脚两只耳朵都夹着香烟,忙得几乎脚不沾地。我发现理发店的角落里新添了个有些像摩托车头盔的烫头发机器,跛脚还照着旧画报上的照片，用那台机器别出心裁地发明了一种滑稽的新发型。妈妈悄悄嘀咕说，那个怪里怪气的发式远远看去就像是堆嘬空的螺蛳壳。

跛脚似乎对他的这个发明得意得要命。我猜他还不知道戴明珠早就和"箍马桶"偷偷好上了。他脸上始终笑嘻嘻的，嘴里还不停地和顾客们东拉西扯。他好像已经忘了结婚那档子事了。这会儿他和人谈得最多的是怎么样自己开一间理发店。至于那间理发店嘛，不用问，就算放在苏州城里也是数一数二的。

他说他最近正在家里研究很多新的发式。"啧啧，要说那些发式啊，"他一边给妈妈吹风，一边摇头晃脑地对我说，"我敢打赌，漂亮得连你做梦也想不到。"

我故意不屑地朝他撇撇嘴："有什么了不起！反正不像螺蛳壳，就像乌龟壳。"

"站到旁边去——你懂什么！"跛脚生气地翻了翻眼睛。"你看见过白条在河里怎么游的，对吧？我昨天设计出的发型漂亮得就像……"他使劲翻着眼睛，不过连他自己也说不上来那是个什么样的漂亮发式，只好捏着梳子来回比画着。

"那你怎么不做个给大家看看？"

"哈，这是哪家的小朋友？真聪明！你猜对了——我正打算做一个呢。"

"我倒很想知道，究竟是谁这么倒霉。"

"哎,这还用问吗?"说到这里,跛脚终于现出原形。他龇着牙,神色诡异地冲我挤了挤眼睛。

7

那两个派出所民警走进门的时候,我正领着大舅家两个吵闹不停的表弟在天井里放鞭炮。我们轮流把整封拆散的小鞭炮点着了扔到一个薄铁皮罐子里,那个小铁罐就像长了脚一样在地上蹦蹦跳跳,不断发出咳嗽似的闷响。他们板着脸,从我们旁边匆匆走过。始终哭丧着脸的小表弟就像看见了救星,一下扑到了他们身上,指着大表弟嚷嚷道:"他是坏人!他是坏人!"

他们一声不吭地穿过摆满自行车的夹弄朝里走去。没过多久,后院那边就传来了一片激烈的争吵声。随即,我目瞪口呆地看见他们押着衣衫不整的四舅走了出来,而神情激动的大人们紧紧跟在后面。四舅似乎是被他们直接从被窝里连拉带拽架出来的。他趿着鞋,毛衣有一半掖在皮带里面。他中午喝酒喝吐了,这会儿依旧是一副醉眼惺忪的样子,看上去神志阴郁又糊涂。去年落榜后,他进了木渎中学校办厂,再也不背着家里抽烟喝酒了,为这个妈妈还把他狠狠数落了一通。

"建国,我说建国,你们给我说说清楚,"外婆脸色煞白,死死抓着四舅胳膊不放,"我们家老四到底闯了什么祸啦?"

那个叫建国的民警不得不收住脚,一脸为难地解释道,他们要把四舅带回所里了解些情况。"咳咳,身上披了张皮就了不起啦,"大舅不停清着嗓子,对建国说,"有你们这样了解情况的吗?"他在胥口那边一家玻璃厂的采石场开粉碎机,说话的时候已经隐隐约约露出矽肺的先兆。

"你们真会挑日子啊。"妈妈扶着外婆冷冷地说。

外婆喘了口气,仍然拽着四舅不放。"不行!你们今天不说说清楚,就不能把人带走——我可不想再上一次当了。"

另外那个警察一直斜着眼,站在旁边懒得说话,这时候终于不耐烦地开了腔。他从裤兜里掏出一副亮锃锃的手铐,拎在手里晃了晃。你们再这样纠缠不清,我们就只好铐着他去了,他说。外婆顿时身子一软,终于松开手,一屁股坐在地上。

四舅似乎直到现在才醒过神来,疑惑地看着四周。"徐建国,你们今天是成心要寻我开心啊?"他嘴里嘟囔了一句,随后用力挣开他们的手,弯腰系上鞋带,又镇定地整了整衣服。我自己会走,他昂着头说。我觉得四舅可能在下意识地模仿《红岩》里准备上刑场的江姐,不过江姐是女的,所以他就把最后那个向耳朵后捋头发的动作省略了。

四舅被带走后,外婆坐在地上开始抽噎起来。对她来说,这本来是这么多年来第一次真正意义上的团圆。外婆那天真是伤心得要命。妈妈和大舅急忙冲到派出所去打听消息，其他人则留在家里安慰外婆。过了大约半个小时，妈妈一个人先回来了。她和大舅没打听到什么，不过她隔着窗户看见里面押了好几个人，其中还有跛脚和卜东生。

直到傍晚时分，大舅终于把事情的来龙去脉搞清楚了。他带回来一条爆炸性新闻：戴明珠被人强奸了。是戴明珠妈妈呼天抢地跑到派出所报的案。要不是过年前被她妈硬拽着去澡堂洗澡的话，戴明珠的肚子本来可能还会在鼓鼓囊囊的棉袄下再遮掩些日子呢。可能受到这个让人大吃一惊的消息的刺激，大舅看上去有些兴奋。他绘声绘色地说，戴明珠眼睛肿得跟桃子似的，在派出所里一句话也不说，只知道一个劲儿地哭。这会儿，派出所正挨个找人问话呢，估计四舅一会儿就能回来。

这个害人精！外婆总算长舒了口气，恨恨地说。谁也不知道她是骂戴明珠呢，还是骂她妈妈。大家饿着肚子一直等到快九点钟，舅妈们把饭菜热了又热，却连四舅的人影都没见着。就在这时，卜东生哼着歌进来了。

"咦，老四怎么会没回来呢？"他奇怪地摸着后脑勺，"其他人都回家了呀。"

他在家吃了饭，这会儿本来还想找四舅聊聊这桩大新闻呢。他吧嗒着嘴说，等了半天，结果派出所没问他几句就把他赶出来了——看他那样子，好像还对此感到十分遗憾似的。

外婆的脸一下暗了下去。她慢慢解开围裙，从椅子里站起来，一声不吭地回了房间。

"怎么会出这种事！"呆了半天，妈妈突然跺着脚说。

"对对，你说的有道理。"卜东生煞有介事地点点头说。

"什么有道理！"大舅火冒三丈地瞪着他问，"咳，你说说，有什么道理？"

卜东生吓了一跳。他缩了缩脖子，嗫嚅道："我怎么知道呢？"

我问妈妈，四舅怎么会和明珠阿姨有关系呢？"马上给我回房间去！"爸爸皱着眉头，生气地说，"没看见大人们在谈事情吗？"

他多半忘了这是在外婆家。旁边有这么多舅舅撑腰，我才不怕呢。"就是嘛，"我有些不服气地回了句嘴，"人家戴明珠明明一直在和'箍马桶'谈朋友嘛。"

"你说的都是真的吗？"后来在派出所，有个年纪很大的警察离开桌子，摸着我的脑袋问。

我觉得，他比我见过的所有警察都要和气多了。刚才妈妈让我再说一遍的时候，他还不停地在一个小本子上记着什么。透过窗帘的缝隙，我看见四舅低着头，蹲在里屋的墙角里。他浑身上下都脏不拉叽的，头发乱得像鸡窝的稻草，看上去可一点不像电影里那些英雄人物。我有些失望地回过头,又看了看站在身后的爸爸妈妈和舅舅们。他们全都紧紧绷着脸,每个人的表情严肃得要命。

"当然啦!"我得意地扬起脖子,对他们大声喊道。

8

大家围着桌子,谁也不说话,默默地看着四舅一个人在那里狼吞虎咽。他在派出所里蹲了一天一夜,这会儿脸色很差,不过精神倒还不错。吃着吃着,四舅突然扑哧一声,莫名其妙地乐出声来。这下可把外婆吓坏了,她还以为他脑子给弄糊涂了呢。四舅笑着解释说,他是忽然想到了戴明珠妈妈——亏她平时算盘拨得那么精,这下好了,连老本都蚀光了。

"现在看来,戴明珠也不是什么好东西,"外婆生气地说,"被顾国庆甩就甩了,就想赖到别人身上。"

"话可不能这么说。"四舅咕哝道。

"嗬,你现在又神气活现起来啦?"妈妈戳着四舅的脑门说,"幸亏她还有点良心,说是和你谈朋友——她要是冤枉你强奸她,你这没脑子的还要吃官司呢。"

"话不能这么说,"四舅小声反驳道,"她那么说可能也有她的苦衷。"

"咳咳,怎么不能?!"

是啊,为什么不能呢?后来我悄悄问四舅。因为不能这样说,他严肃地点点头说。他的脑袋好像被派出所的门夹过了,现在说话就和卜东生一个腔调。

四舅从派出所回家的当天晚上,戴明珠妈妈就一把眼泪一把鼻涕跑来赔罪了。她两只手捂着脸,哭哭啼啼地坐在门槛上,一会儿大骂戴明珠"不要脸",一会儿又反反复复地自言自语说"没脸见人了,没脸见人了",弄得原本怒气冲冲的外婆反而开始耐心地劝解起她来。

出了这件事以后,那年春节我一次也没见过戴明珠。我还特地去过几次邮局,里面的人每次都说她在家生病,没有来上班。跟爸爸回苏州前,我听卜东生和四舅议论说,"箍马桶"反正有他那个亲戚疏通关系,什么麻烦都不会有。戴明珠就惨了,给"箍马桶"甩了不说,还不得不挺着个怎么也扔不掉的大肚子。因为医院不同意给她打胎,现在她只好把肚子里的小"箍马桶"生下来了。

跛脚和戴明珠是在五月初结婚的。街上人都有些替跛脚感到可惜,他们议论纷纷,说怎么都没必要拣别人扔掉的旧货啊。那时候,跛脚的理发店已经开张了,生意出人意料做得红红火火。回苏州过暑假的妈妈说,他们还真的去上海拍了结婚照,不过戴明珠挺了那么大的肚子,新娘衣服恐怕是买不起来了。跛脚倒好,讨家婆还赚了个小的,她略带嘲讽地在鼻子里哼哼道。她到底还是有些记恨戴明珠呢。

我不知道跛脚是怎么和戴明珠好上的。不过,我还真为这个费了番脑筋。在我一厢情愿的想象中，事情应该是这样发生的：走投无路的戴明珠哭哭啼啼爬上桥栏，一头跳进了河里；跛脚恰好蹲在船闸桥边钓鱼，他用力一甩鱼竿。四号鱼钩在半空中划出了一道漂亮的弧线，稳稳地咬住了腆着肚子的戴明珠。就这样，我们的跛脚乐滋滋地把这条湿漉漉的美人鱼扛回了家。

那年夏天，戴明珠把肚子里的小男孩生了下来。所有去过跛脚家的人都在背后偷偷议论说，真是活见鬼了！怎么看都不像是个野种。那孩子的眉毛眼睛鼻子简直和跛脚一模一样，不过他两条腿都是好好的，长大以后在街上跑得飞快。

悲伤的陌生人

那个陌生的中年男人提着裤子,半敞的拉链里露出臃肿难看的棕黄色毛裤,犹豫不决地站在卫生间门口,惊讶地半张着嘴,不知是因为我的突然出现,还是对自己眼下这副尴尬的蠢相感到有些不知所措。他的喉结上下蠕动着,却只是呆呆地站在原地,继续用那种又惊慌又疑惑的目光望着我和我脚边灰蒙蒙的旅行箱。

客厅里一片狼藉。落满灰尘的茶几上堆满了快餐饭盒、扑克牌、空啤酒瓶、脏袜子和一大捧不知是谁带来的早已枯萎的康乃馨——就那么胡乱插在权作花瓶的冷水杯里。刚才我上楼的时候还以为,灯火通明的房间、大开的窗子,还有音量放得很大的电视机,是因为停电或是那些来这里寻欢作乐的家伙走得过于匆忙哩。每次出差回来,我就免不了暗自担心这个家已经在某次疯狂的聚会后变成了废墟,因为煤气爆炸、电路起火或者是被忍无可忍的邻居们破门而入合力捣毁。

那家伙像只老鼠探头探脑冒出来的时候，我正疲惫不堪地坐到沙发里，对着一只扔在烟灰碟里的面包发愣。那只啃了几口的面包已经发霉了，按上去硬邦邦的，像敷了绿苔、用来制作盆景的丑陋的假山石。日光灯单调的嗡嗡声里，我感到头晕目眩，仿佛仍在空气恶劣、人声嘈杂的硬卧车厢里，忍受着令人不适的颤动和严重睡眠不足带来的头痛。过去的两个多月来，我似乎一直住在颠簸的乡村长途汽车上，穿梭往来于西南三省那些偏僻的县城和集镇。无论从哪方面说，这都是趟糟糕透顶的苦差：佶屈聱牙的方言，孤独的小旅馆之夜，以及最后几天对车轮近乎过敏的恐惧。而更让人倍感沮丧和辛酸的是，我的销售业绩并没有丝毫上升的迹象。我揉着酸胀的太阳穴，诧异地看着这个形容猥琐的家伙。这简直太不可思议了。这让人头皮发麻的情景，差点让我误以为自己因为极度疲倦产生了幻觉。

他似乎比我先回过神来，奇怪地问："你找谁？"

"这个问题好像应该我来问你——你是谁？"我站起来，竭力控制着心中的忐忑不安，故意用一副毫不在意的口吻反问道，"你怎么会在我家里？"

"噢，原来这是你家啊。我本来还以为……"他似乎顿时就松了口气，慢腾腾拉上拉链，说，"就算这是你家——有什么关系呢。"

我下意识地瞥了瞥洗涤槽旁边的刀架，尽量不为觉察地往厨房方向悄悄移动着。"有什么关系？简直太滑稽了。那你说说，你他妈的怎么跑到我家里来啦？"

"哎，怎么着也用不着骂人嘛。"他撇撇嘴，不屑地咕哝道，一屁股坐到沙发上，抓起电视遥控器找着台。

"喂，你聋了吗？我跟你说话哪。"

"这是你家，你家！——还不行吗？我可管不了这么多——你最好还是把王树找来。"

"什么王叔王伯？"

我不耐烦地拿眼睛瞪着他，一边半信半疑地在记忆里搜索着这个陌生的人名。他要找的什么王叔多半是一个肥头大耳、满嘴油腻的家伙，这会儿说不定正在某个露天大排档胡吃海吹呢，一只手抓着啤酒，一只手用筷子扒拉着火锅里的杂碎。可以肯定，或许全南京有一百个叫王树的家伙，不过我从不认识其中任何一个——或者，我们厂长的老婆叫王树？还是我前妻已经再婚了？

"那我可就帮不了你啦……哎，你干吗这样瞪着眼睛死盯着我？哎，哎，我总不至于是溜门撬锁进来的小偷吧，"他不满地翻了我一眼，嘴里咕哝着，"你说有我这样子的小偷吗？"

"这年头，小偷也穿制服了吗？"我没好气地哼哼道。

不过说实话，我确实没办法把眼前这个一身懒肉、臃肿不堪的家伙和那些身手灵活、眼神躲躲闪闪的小偷挂上号。

我犹豫地看着刀架上那几把半生锈的劈骨刀、剔骨刀、西瓜刀和刻萝卜花的雕刻刀，随即自嘲地摇摇头，把伸出一半的手重新揣回裤兜。这堆分门别类的菜刀就像我们——我是说我和前妻——最初的热情和关于生活的各种美好想法。不过，它们似乎从买回家后就没怎么派过用场。

现在我只能相信，这家伙说的王树是我哪个朋友的朋友——还有比这更好的解释吗？自从我前妻搬出这套迅速破旧起来的单元房后，我那些狐朋狗友和我来往的最大动力，就是盼着我从这个城市周期性消失。只要我提着旅行箱去火车站，后面肯定就会有几十个家伙在那里欢呼雀跃，奔走相告。这些穷哥们似乎把我的房间当成了不花钱的俱乐部，厚着脸皮来这里聊天、和小情人幽会、看足球赛、打麻将或者是开什么生日派对……只有等我出差回来，疲惫不堪地躺在被窝里补休，和房间一起发霉，这些渐渐沉不住气的家伙才会假惺惺地跑来，探头探脑地问候几声。与此同时，在最荒诞不经的想象中，我的钥匙仍在无数个锁匠手上夜以继日地复制着——这几年，我前前后后换过十几副锁芯，我常常拿绝交作威胁，我可怜巴巴地请他们吃饭，不断警告、哀求，我绝口不谈自己的行踪……唉，对这帮习惯涎着脸软磨硬泡的家伙来说，这些小把戏又能起什么作用呢。

我皱着眉，没好气地打量着对面这位拐弯抹角的二手朋友。肿眼泡秃脑袋,脸色又灰暗又阴郁,一副天生的丧气相。他穿了条松松垮垮、没个样子的军绿色旧裤子,难看的紫红色毛衣领口露出一截白衬衫的领子,同样脏兮兮皱巴巴的。他耷拉着眼皮,故作大大咧咧地半躺在沙发上,惬意地摩挲着微凸的肚腩,就好像是坐在自己家堂屋里似的——你要是经常乘火车,就少不了会遇上这类让人倒胃口的家伙,坐在你的座位对面,摆出见多识广的老江湖架势,吹着老一套牛皮,而你不仅要忍受他滔滔不绝的唾沫星子,还不得不一次次推开他伸过来的臭气熏天的脚丫。这一次,那双无法摆脱的臭脚丫竟然伸到我家里来啦。

"拖鞋!我的拖鞋。"我皱着眉,指着那只在他悠闲自得的脚尖上颠动的拖鞋。

"不就是拖鞋嘛。"他懒洋洋地乜了我一眼,把脚下的棉拖鞋踢到我面前。一股熟悉的、有些像腌菜缸似的臭味顿时扑鼻而来。

"算了算了。"我沮丧地摆了摆手,拖过箱子取出毛巾和牙刷。

卫生间里同样气息污浊,狼藉不堪。浴缸的水龙头滑丝了,不断往下滴水,里面竟然搁着好几把破雨伞。洗脸池上方的浴镜不知被谁带来的女孩用口红印上了一个模模糊糊的唇印,就像一声突然被噎住的惊呼。那家伙显然在慌乱中忘了冲抽水马桶了,污浊的坐便器里漂着一坨大便。更教人难以忍受的是，我抓过漱口杯正准备刷牙，突然发现里面竟然浸着一只假牙。我困惑不解地把它倒出来，捏在手上盯着看了一会儿。这颗塑料假牙似乎是一颗槽牙，两端还带着小钩，在惨白的灯下显得阴森森的。"结石"——我突然莫名其妙地想到了这个词——把我的生活搅得一团糟的，似乎就是这类不起眼的鬼东西，这颗"结石"。每当你活得好好的时候，它就会跑出来硌你一下，让你疼痛，心慌，脑门上冒虚汗。我把它扔到马桶里，用力扳了扳冲水开关——老天，连这个开关也坏了。

我心情恶劣地草草洗漱一番，硬着头皮回到客厅。直到此时，我仍然拿不定主意，是该和这家伙推心置腹地说上几句，把他的来龙去脉弄清楚呢，还是立即拉下脸来把他轰出门去。不过看眼下这情形，要把他顺顺当当打发掉并不是件容易事。

"我说，你怎么称呼？"

"刘大年——刘少奇的刘，大小的大，过年的年。呃，你就叫我小刘好了。"

我哭笑不得地看了看灯下那颗荒芜的秃脑门："你好像不小了吧？"

"啊，三十九了。你呢？"

"二十七。"我鼻子里哼哼道，心里不由得嘀咕了一下。这家伙正好比我大了一轮——这感觉要多糟糕有多糟糕。我又满腹狐疑地打量了他一番，下意识地摇摇头，对自己刚才那瞬间的闪念感到可笑：哪怕再过二十四年，我都不可能是对面这副倒霉样。

他有些惊讶地看了我一眼，脸上流露出又像是怜悯又像是厌倦的神情。"那你看上去挺显老的。"他说。

什么？！这太夸张了吧。看来这个老家伙是成心跟我过不去。也许，我根本不该跟一个萎不拉叽的糟老头多费口舌。他那颗油光光的秃脑门刚冒出来的时候，我就该扑过去劈头盖脸痛揍一顿，然后一脚把他踢到街上去——哦，他知道我做不出来，这无赖笃定地半躺在沙发里，就像摊刚从阴沟里捞上来的烂泥。他知道我早已昏头涨脑，筋疲力尽了。

"听口音，你不是南京人吧？"我强忍怒气，叉着腰，站在屋子里。

"呵，我从芜湖来——安徽芜湖。"他有些不满地瞥了我一眼，两只脚直直地伸到茶几底下，懒洋洋地回答道，仿佛我的话不仅无聊而且多余。

"芜湖在安徽也算大码头吧，好好的跑到南京来干什么呢？"

"干吗？来要饭！"他似乎被我戳到了什么痛处，倏地坐直了身子，有些激动地挥舞着胳膊。他的指甲缝里嵌满了泥垢。"这位兄弟，你是真不知道还是装糊涂？噢，你总不会以为我闲得无聊，自己愿意跑出来找罪受吧？南京又怎么样——你们南京和我有什么屁关系……"

"哦哦,我可没工夫和你吵架。好吧,你说什么就是什么——不管你说什么我都信。那么说,你叫刘大年,从芜湖来……"

"为什么我非要你相信呢?你说说,从你进门到现在,我跟你要过什么身份证工作证吗?没有。我就那么斜着眼睛、冷冰冰地盘问过你吗?也没有吧。所以啊,这位兄弟,我劝你以后说话别跟吃了枪药似的。不管怎么说,我们俩素不相识,现在面对面坐在一起多少也算缘分。"

"这可真稀罕!这是我家,对吧?我们这么说吧,要是你哪天回家发现房间里有个从不认识的陌生人,你会怎么办?恐怕你不会有我这样的好脾气吧?你要是不想我打电话报警的话,最好马上就滚出去。"

"你可真够烦人的——去啊,去报警啊……我恐怕没什么人会理你。好吧好吧,就算这是你的家……"

天哪!如果由着他这样没完没了地胡搅蛮缠下去,我肯定会当场发疯的——我想我已疯掉了。我气急败坏地抓过茶几上的电话机,扔到他怀里。"你现在就给你说的什么王树打电话——我倒想看看,是哪个中了大奖的混蛋能交上你这么个朋友。"

"嗤,开什么玩笑。要能找着他我还用待在这儿吗?"他架着腿,一脸不屑地撇撇嘴说,"实话告诉你们:这——

没——用！你最好该干什么就干什么去。"

"干什么？还好，你还知道我要干什么。我现在就要躺下！我就要睡个安稳觉。"

"睡就是喽，没人拦着你呀？"

"妈的，我怎么说你才能明白——别的先不谈，你起码要让我知道，你到底是怎么来的吧？我怎么知道你不会趁我睡着了谋财害命呢？我怎么知道你就不是在安徽犯了事，流窜到南京的通缉犯呢？"

"唔，说的有道理，"他歪着脑袋沉思了片刻，点点头说，"你这么说我就放心了。"

"那你说，现在怎么办？"

他打了个哈欠，光着脚跳到门边，套上一双鞋尖磨损得露出白茬的皮鞋。"睡觉，"他说，"我们总不能就这样耗上一夜吧。"

他咳了一两声，又不以为然地摇摇头，慢腾腾往卧室走。看样子，今晚要没完没了地耗下去了。在路上，我还满心欢喜地打算一到家就美美地睡他个昏天黑地呢。我恶狠狠地咒骂着，走过去关上电视。远远的，从几条街外，传来一阵尖利的、让人发怵的警笛声。报警吗？从这家伙的样子看，似乎有点小题大做；而且万一他真是什么人的亲戚朋友呢？至少防盗门和门锁都是好好的……我走到蒙着水汽的客厅窗前，犹犹豫豫地看着下面寒冷、发白的街巷，愣怔了好一会儿。我无可奈何地走进卧室，发现他已经拖泥带水地铺好了被子，正捏着家里仅有的那只枕头发愁。

"往哪爬呢，你？"我恼火地冲过去拽住他。"你还真以为这是你的床哪。"

"你瞧你这人，又来啦！那你说，我睡哪里呢？"

也许，现在才是这个荒诞之夜最荒诞的一幕。因为我从没和任何一个男人如此亲密地抵足共眠过——何况还是和一个邋里邋遢、不明底细的老家伙。他嘴角挂着一丝嘲讽的微笑，看着我心犹不甘地在房间里翻箱倒柜。

"别找了，"隔了一会儿，他似乎忽然失去了耐心，在我身后絮絮叨叨地说，"前几天有个叫老皮的人来，说是约了人开车去露营，把多余的被褥和毛毯全都抱走了。"

我悻悻地摔上橱门，恼火地往老皮家里打电话。老皮是我穿开裆裤时候的朋友，当然，也是个不守信用、做起事来有头无尾的家伙。电话铃响了几乎一分钟，终于传来老皮迷迷糊糊的声音。

"这都几点啦，"他呻吟道，"唔，我哪知道啊——我还以为那家伙是你找来打扫卫生的钟点工呢……唔，你是说现在？都这么晚了，你知道外面是零下几度？你就可怜可怜我吧。求求你了——凑合一下算了。向毛主席保证，我明天一大早就把被子给你送过去。"

说完，他不由分说就挂断了电话。我不依不饶地再打过去，对面已经变成了嘟嘟的忙音。该死的老皮，他是担心我把这家伙弄到他那里去哪。

我踌躇了半天，还是不知道该怎么办。我觉得太阳穴嗡嗡直响，脚底软得发飘，好像身体里的螺栓在颠簸的山路上全部松脱了。随后不知怎么的，我像梦游一样笨拙地爬上了床，勉强脱了外衣，硬着头皮拉开被子侧身躺在床上。被子又湿又重，散发着一股混合了霉味和脚臭的怪味，似乎暗示这将是一个糟糕、难挨、令人揪心的夜晚。现在，我只好拼命说服自己：权作是火车晚点了十二小时；而这一次，至少还把硬卧换成了软卧。我大睁着眼睛，心神不宁地看着窗帘缝隙里露出的一小块灰蓝色天空，竭力驱散脑海里纷至沓来的各种胡思乱想。我希望自己能这样坚持熬到天亮，直到老皮开着破车赶来——除了指望这个通常不能指望的家伙，还能怎样呢？

"唉，唉，何必要装出一副凶巴巴的模样呢。其实，你这人心肠不错。我本来还以为，今晚得在沙发上冻一宿哩。"

他嘟囔着，趿着鞋，摸黑走到床边，然后费尽九牛二虎之力和臃肿累赘的毛衣毛裤搏斗着——终于，随着床铺的一阵颤动，他钻进被窝，在另一头摊手摊脚地躺踏实了。现在他吧嗒着嘴，快活地小声叹息着。这莫名其妙的快活让人忍不住更加恼火。

"喂，你睡觉打呼噜吗？"我厌恶地往床的外侧让了让，试图摆脱那种紧挨着一具热烘烘的男人身体带来的难堪。

"我不知道，"他哼哼着翻了个身，换了一种唱歌般的声调轻声重复着，"我不知道——不知道噢……"

"活这么大还没见过你这样的。"我揉着太阳穴，胡乱找着话，竭力控制自己不往那个诱惑人的黑甜乡里掉下去。"打不打呼噜你自己都不知道？"

"我不知道——因为我睡着了。"

"你老婆从没有告诉你吗——哎，你千万别告诉我，你混到现在还是光棍一条。"

对面沉默了片刻，说："我结过婚。"

结过？妈的！我在肚子里咒骂了一声——我要为这个巧合坐起来和他握手吗？当然了，他这个年纪当然有过老婆，也许还有个上小学的孩子，一段嘈杂而短暂的幸福时光——然后，不用说，没完没了的吵嚷和闹腾就开始了，为所有鸡毛蒜皮的琐事，为钱，为孩子的教育问题，为隔壁某个丑八怪身上的白狐领大衣，或者是舞厅里某个陌生舞伴引起的遐思……这年头似乎充斥了这类让人腻味的老套路。他那种灰暗的、没有出路的生活任何人都能一眼看到头：游手好闲，没受过什么教育，前途渺茫——可能还刚刚下岗，穷愁潦倒，只得从老家跑来南京厮混，碰着了像我这样好说话的就要耍无赖，试图交上这辈子从没有交上过的好运。而实际上，对这一切他早就不再抱什么希望了。不管怎么说，我不无恶毒地想，要真有女人恋恋不舍于旁边那副毫无观赏价值的躯体，那才真叫怪事呢。

"哎，刚才忘了跟你说，隔壁写字台抽屉里有几千块钱。"

"你这是什么意思？"他支起身，粗声粗气地问道。

"没别的意思——我是说，实在不好意思，真的只有这么多——和你一样，混得不好啊。"

他愤怒地骂了句粗话。"你放心吧，"他咬牙切齿地说，"我保证一拿到钱就给你一个痛快。"

我揉揉眼睛，懒洋洋地翻了个身，觉得似乎蹭到了什么东西——我一下从床上坐了起来，惊出一身冷汗。被子那头空荡荡的，昨晚那家伙已经不知去向，只剩下一摞垫在床单下权作枕头的旧杂志。我不记得自己是什么时候稀里糊涂睡着的。也许就在如雷的鼾声里，我终于支撑不住，渐渐沉入梦乡。这简直就像拿自己的性命开玩笑——尽管从自己安然无恙活着这个事实看，硬撑着熬到天亮无疑更加可笑。

我抓起闹钟看了看，已经快下午三点了。脑袋里依然晕乎乎的，似乎仍困惑于自己毫发无损醒来的这个事实。我发了一会儿呆，毫无缘故地骂了几声，跳下床拉开窗帘，明晃晃的阳光顿时刺得人睁不开眼睛。

我无精打采地走进客厅，发现那个家伙正趴在茶几上看报。鼻梁上不知什么时候多了一副黑框眼镜,一只手捧着不锈钢保温杯,一只手捻着鬓角,嘴里还不停地念念有词。他头也不抬地嘟囔了一声,算是和我打招呼,然后继续把整个上身伏到摊开的报纸上。

"我那个叫老皮的朋友来过了吗?"

他目不转睛地读着报——准确地说,是在读报纸的中缝。更可笑的是,那张不知从哪个角落里翻出来的皱巴巴的晚报还是几星期前的。隔了半天,他似乎自言自语道:"到现在为止,没人来敲过门。"

直到我洗漱完,去厨房里找东西吃,他还在有滋有味地读报。脑袋不住上下微点,脏兮兮的食指飞快地沾沾唾沫,把报纸翻到下一版——我有些恶毒地想,那些乏味的小报新闻恐怕只有在一个渐渐被时代遗弃的家伙那里,才会引起不胜唏嘘的些许感慨。

"还有吃的吗?"我对着空荡荡的冰箱,没好气地骂了一句。

"哦,有有。"他有些吃惊地抬起头,眼镜片后布满血丝的眼睛望望我,又望望面前的报纸,迟疑了好一会儿,猫腰在茶几下摸索着,似乎有些心疼地拿出一袋方便面。

我绝望地看着那袋包装得花花绿绿的红烧牛肉面——我敢说,那些经常要靠方便面打发三餐的人很容易患上神经性厌食症。在外面出差了两个多月,现在只要闻到那股熟悉的、充斥着辣椒油和防腐剂的浑浊味，我就忍不住阵阵反胃。

"你已经在这里住几天了？"我拭了拭厨柜上积得厚厚的浮尘，有气无力地问道。

他摸了摸鼻子，似乎终于有些不好意思起来："到今天大概有一个礼拜了。"

"这些天你总不至于顿顿都吃这个吧？"

"嗯，还有另外两个品种。"他有些讷讷地说。

"啧啧，让你自己买菜做饭真是太委屈你了——对不住啊，这里条件差，请不起佣人和厨子。不过，那么多方便面吃下去，死了以后千年不烂是肯定没问题了。"

"你以为我愿意吃方便面啊。"他没头没脑地说，似乎对我的挖苦毫不在意。

"你这话是什么意思？"我本不打算再搭理他，却忍不住又问了一句。

"买菜做饭？你给我钥匙了吗？我跟你说，就是有钥匙我也不会从这里走开半步的。"

"究竟是怎么回事？我越听越糊涂了——没钥匙你怎么进来的？"我一头雾水地追问道。

他似乎懒得再和我说什么。眼睛盯着报纸，两只手捧着保温杯，在下巴上慢腾腾地转来转去，低着头，不时吸吸鼻子。

"哎，我他妈的问你呢——你从哪钻进来的？"我一把扯过报纸，揉成一团扔到地上。

他抬起头，面带愠怒地乜了我一眼，干脆摘下眼镜，靠在沙发上闭目养神起来。这个不识好歹的流浪汉！他还真以为我拿他没办法呢。也许只有等他流落街头的时候，他才知道感激我昨晚的慷慨友善——也有可能，这种蠢头蠢脑、难以理喻的角色只会不住懊悔没有趁机把我宰掉。至于那个叫什么王树的鸟人，就让他见鬼去吧——也许，那个此刻正躲在某个角落里得意地偷笑的家伙，也是因为被搅扰得六神无主七窍生烟，才不得不出此下策，把这个怎么也甩不掉的包袱卸到一个素昧平生的陌生人家里。

我下楼找了家小餐馆，匆匆忙忙吃了碗面条，接着就给老皮单位挂电话。对面接听的人喊了好半天，老皮终于磨磨蹭蹭地接过了电话——他似乎早猜到，等着他是一通劈头盖脸的臭骂。我大声咆哮着，打断他结结巴巴的解释，喝令这个"差点就成为帮凶"的家伙马上过来帮我把人弄走。

我抖着钥匙，心情愉快地回到楼上。现在，该轮到那家伙沉不住气了——从门里传来的轻而急促的脚步声判断，刚才他显然正贴着门缝偷听着楼梯上的动静。他有些慌张地抓过扔在地上的那团报纸，迅速溜回沙发，再次摆出那副木讷的、对什么都无所谓的姿势。见我进门，他脸上似乎浮现出一丝失望的神情，讪讪地丢下报纸，嘴里小声嘟囔着什么。

我有意沉着脸，在客厅里来回走了几步，最后决定在老皮赶来前，先把他留在房间里的垃圾和臭气彻底清除出门。我挽起袖子，打开所有的窗户，把拆换下来的脏床单、被套和枕巾塞进洗衣机，把落满灰尘的杯碟集中到水槽，然后毫不客气地把茶几上的所有零碎全扫到地上。随后，那些散落在房间里的垃圾什物开始从各个角落来到我喘咻咻的扫帚下：卷成团落在床下的长筒丝袜啦，烟蒂啦，风干的橘子皮和果核啦，几枚硬币啦，纽扣啦，被哪个耍赖的家伙藏起来的扑克牌啦，还有削得就剩下一小截的秃眉笔和半副廉价耳环……这一刻，即使有颗钻石滚到脚边，也不能抵消我看见这堆垃圾时的愤怒——何况那边沙发上还坐着个莫名其妙的乡巴佬，微闭着眼睛，像梦游似的抬起双脚，怀里还抱着一箱方便面和一只不知从哪里摸出来的同样磨损得很厉害的旧人造革拎包。

他点着头，用一种不知是挖苦还是讨好的口吻说："这屋子早该彻底打扫打扫啦。要我说，你这地方比我在芜湖那个家也好不到哪里去——再好的房子，要没个女人家收拾，也就是间客栈罢了……"

他不提女人呀收拾屋子呀之类的废话还罢，一说到这些我就更加气不打一处来。不知为什么，我还突然莫名其妙地想到了前妻，她要是甘心一辈子待在这里，也就不用又哭又闹地和我离婚了……我原以为，自己已经忘掉那些想起来只剩下晦气的往事了——那些没完没了的吵闹和咒骂，夜深人静的时候水瓶和杯碟砸在水泥地上的巨响，那些撕碎的照片……真是哪里疼往哪里戳啊。

我撂下扫帚，冷笑着讽刺道："这就怪了。我怎么觉得要是就我一个人，这间破房子跟皇宫比也差不了多少呢——你还别说，就这么个狗窝还有人死乞白赖地怎么赶都赶不走呢。"

他疑惑地望着我，随即脸上露出又是吃惊又是委屈的神情，抿着嘴沉默不语。看他那副鸟样，好像真受了什么伤害似的。

他双手抚摩着脸，隔了半晌，说："我哪里得罪你了？"

"真是活见鬼！还要我来告诉你为什么？你有没有想过，你这是蛮不讲理地侵犯别人的生活？这不是得罪——这是犯罪。"

"照你说我该怎么办？"

"你连最起码的客气话都不会说吗？"

"好吧，好吧……对不起。"

"哈，说得倒轻巧。你以为说声对不起就完啦？"

"你究竟想要怎么样？"他装模作样地叹了口气，淡淡说道，似乎忽然又找到了先前那种慢条斯理的语气。"东西你扔了就扔了，人你教训了就教训了，要我说对不起我也说了——现在你还想要我怎么样呢？"

"我扔你什么东西了？"我用力朝面前那堆垃圾踢了一脚。

"牙！我的牙呢？"他夸张地拉开胡子拉碴的大嘴，露出两排满是烟垢的牙齿。

我想起昨晚扔到马桶里的那颗假牙，不由得愣了一下。"这是两码事——不管怎么说，至少是你要先跟我诚恳道歉，然后……"

"嗯，然后呢？"

"然后还要我说吗？"我拉开门，冷冷看着他。

"我不走。"他慢腾腾然而态度坚决地摇了摇头，"我早对你说过了，我不会走的。"

"你到底走不走？"

"就不走！"

大约半个小时后，该死的老皮总算开着他那辆破吉普拖拖拉拉赶到了。此时，我和那个家伙已经像两只纠缠了好几个回合的斗鸡，正喘着粗气，瞪着血红的眼睛，互相仇恨地看着对方。照我的设想，老皮一进门就该拿出一副蛮横有力、狠勇好斗的嘴脸，先从气势上压倒那个态度嚣张的无赖。然而，这个人高马大、留着络腮胡的王八蛋推开虚掩的防盗门，谨慎而不无好奇地在房间里转了个圈，见没人搭理自己，顿时就故态复萌，一屁股坐到沙发上，开始喋喋不休地跟我抱怨起来。

房间里的烟雾浓得呛鼻，自从和那家伙卯上劲开始，我就一支接一支地抽着烟。我平时抽烟不多，但是一有什么事情就抽个不停。我有点激动，想到这个我就更加沮丧了。我有些不耐烦地挥手打断老皮唾沫乱飞的内心独白，朝对面那个喘息未定的家伙努努嘴。老皮不情愿地点点头，拖了把椅子坐到了他对面。

"这位朋友，"他身体挺得笔直，板起脸说，"我说这位朋友，不管你是怎么来的，这里终归是别人的家——像你这样赖着不走又算哪一出呢？就算是住旅馆，也有个日子吧。"

"想我走，是吧？"他鼻孔里哼了一声，抱着肩，傲慢不屑地看着天花板说，"很简单——你去把王树叫来。他要是今晚把那笔款子还上，我决不待到明天早上。"

"哦，这是怎么回事？"老皮扭过头，疑惑地看着我。

"我怎么知道呢——我他妈的连这两个月有谁来过都不知道。你说我到哪儿找这个见鬼的王树？"

"喏，现在看来，问题的关键就在这个王树身上，"老皮似乎进入了角色，摇头晃脑地分析道，"可是这位朋友，你瞧，我们这里谁都不认识他呀。向毛主席保证，我们认识的人当中真没有叫王树的……哎，别这样，不知道的人看了，还以为是我们欠了你钱呢。"

"你当然要这么说……"

"信不信随你便。这么和你说吧，就算我们是骗子，至多也就是那种吃软饭的骗子——呵呵，至少我没有骗男人的习惯。"

"照你这么说，倒是我在耍无赖啦？你们知不知道，有多少人等着这笔钱呢！他们要吃饭，要养活老婆孩子……"那家伙涨红了脸，十根手指交叉，紧紧握在一起。"帮帮我吧！这点钱对你们可能也算不上什么，我们厂里几十号人可是半年没发过一分钱了……"说着说着，他出人意料地隔着茶几冲老皮跪了下来。"我求你们了，你们就当是可怜我吧——我总不能这样空着手回去……"

老皮吓了一跳，像触电一样从沙发里蹦了起来。"你这是在干什么？"他飞快地后退着，手足无措地说。

我看着夹在手指缝里的烟，吧嗒着发苦的舌头，觉得胃里有点恶心。老皮飞快地退到门边，像只大猩猩一样耸着肩膀，两只手摊开，求助般地望着我。我冲他摇了摇头，把脸掉到一边，既感到尴尬又有些想笑。接下来那段难挨的时间，我们三个谁也没有说话，就像被同时施了定身法，呆在原地一动不动。我脑子里一片空白，眼睛看着脚尖——不知怎么回事，我又觉得困了。

老皮突然叫了起来。"户口簿！"他冲我喊道，"快把户口簿找出来。"

"……不可能。"那家伙接过户口簿，坐在地上反复端详着，又抬起头狐疑地望望我，喃喃说道，"这不可能。不管怎么说，你总该见过他吧——否则他怎么会有你家里的钥匙？"

我苦笑着，慢慢地摇头。还能说些什么呢，我对他、对整件事情其实一无所知。我有些费劲地想，他大概就是那种可怜巴巴的好人吧——那种乏味、沉闷、通常不受欢迎的好人，但有什么用呢？碰到这种好人，人们总是既感到可怜，又会本能地躲着他，就像他的皮肤会分泌一种惹人厌的黏液似的——哦，一个黏不啦叽的好人。不知为什么，我莫名其妙地感到一丝歉意。

"你，你在厂子里干什么？"我问道，试图把过于严肃又沉闷乏味的话题稍稍岔开。

他沉默不语。渐渐涣散无神的目光在我和老皮之间逡巡着，似乎仍在徒劳地从我们脸上搜寻着某些不存在的破绽。作为一个恪尽职守的追债人，他铁下心来，忍辱负重，一步不落地跟着那个叫王树的家伙；他看着他拿钥匙开门，他眼巴巴地守在这里，指望那个借故溜走的流氓债主回来——其实是努力伸长脖子钻进别人的套子。

他摇着头，小声叹息着，茫然若失地打量着整个房间，然后慢腾腾地站起来，把剩下的几袋方便面塞进旧公文包。走到门口，他又转过身，嘴唇嚅动了几下，似乎想说点什么，最后却只是干巴巴地说："我一样东西都没动过——你要不要检查一下？"

"今晚……你要是实在没地方去,可以在这里再将就一宿……"我看着昏暗的楼道,犹犹豫豫地咕哝说,"就一宿。"

他漠然瞟了我一眼,以呆滞的声音请我原谅,随后低头走出去,反手关上门。

如此顺利地打发掉这个难缠的瘟神,我本应该长舒一口气,感到如释重负,浑身轻松。但是,那个愚钝的、陡然有些苍老的背影消失后,我反而感到有些沉重起来。我知道,他并不完全相信我和那个叫王树的家伙毫无干系。他就像一个可悲而忠诚的士兵,一个明知注定失败仍牢牢守卫坑道的战士,身心俱疲,在漫长的等待和消耗中早已累垮了。但他一直咬牙坚持着,直到超出身体可以承受的极限。现在,他可以体面地离开了,带着消沉、疲惫的身体,和弥留于整个屋子的悲伤。

"我说,你真不认识那个叫王树的?"老皮盯着我,有些迟疑地问。

"这世界疯了吗?我倒希望自己认识这个垃圾。"我无精打采地掐灭烟,起身把老皮送到门口。

门外的情景让我们一下都愣住了。他抱着膝盖,不出声地坐在楼梯上,脑袋深埋在破公文包里,两只肩膀剧烈地颤动着。我呆呆地看着脚下这个哀伤的陌生人。毫无缘故地,一种从来没有过的焦虑涌上我的喉头。突然间,我感到了同样的悲伤。而最可笑的是,我并不知道自己为什么会如此悲伤。

小吉普

1

电梯又停了。如果这个让人踩不准步点的世界还有什么是准时的,那就是我们教师公寓过十一点就停止运行的电梯。还有比这更倒霉的吗?在这个天寒地冻的晚上,从远郊新校区闹哄哄的教室出来,捧着讲义夹和一摞沉甸甸的学生作业,前后倒两次车,还不得不再摸黑爬上几百个台阶。更让人恼火的是,直到现在我身上的粉笔灰还没顾得上掸掉呢。我喘着粗气,刚爬到楼梯拐弯处,就听见客厅里的电话机急促地响个不停。持续不断的铃声在寂静的楼道里显得格外刺耳,给人感觉这个电话已经响了整个晚上;又好像没人接听对方就决不善罢甘休似的——似乎以极大的耐心挨到了我开门扑过去。

"眼镜吗?"一个家伙在电话对面粗声粗气地问道。哔哔剥剥的电流声间歇,似乎奇怪地岔进了电子鼓喧闹的节拍和女人们的吃吃笑声。随后，那个有些不耐烦的沙嗓门带着很重的鼻音，又慢慢浮了上来。"怎么，连老兄弟的声音都听不出来了？是我——小吉普！"

我握着电话，喘着气坐到了旁边的椅子里。我感到腿肚子发软，胃里胀鼓鼓的很不舒服。这真是……太荒诞了。过去几年里，我曾经在好几个场合听人说起过他模模糊糊的死讯。我一直以为，他早就捂着流了一地的肠子，倒在临顿路哪个漆黑的门洞，或是街边肮脏的臭水沟里了。如果说此后我偶尔还会在梦里见到阴魂不散的小吉普，也不过是为了醒来以后长长地舒上一口气，庆幸自己终于甩掉了这个始终和麻烦，甚至倒霉的诅咒连在一起的影子。

除了小吉普，现在还有几个人能记得我小时候的外号，又有谁会用这种故作亲热的粗鲁——而非故作粗鲁的亲热——口气和我说话呢？仿佛就为了报复我纯属一厢情愿的轻信，在消失了七年之后，小吉普又出人意料地把他那颗邪气十足的脑袋，嘲弄般地探进了我的生活。

我强忍本能的慌张和厌烦，有些结结巴巴地辩解道："当然了——哦，我是说怎么会呢。你在哪里？"

"哎，南京妹妹真是太刺激了。马上过来，我给你留了一个波霸。"

"那么说……你什么时候来的南京？哦，哦，这简直……简直……"

太糟糕了——这简直糟透了。过去二十多年里，纠缠不休的小吉普就像是粘在我身上的一块怎么也撕不掉的膏药。哪怕有一分钟意识到他的存在，意识到他身上那种难以理喻的破坏力，我就会头痛欲裂。他似乎可以随心所欲地把一个人的正常生活搅得不可收拾。

我不得不再次摸黑走下楼梯，心里暗暗咒骂着某个泄露了我电话号码的缺德鬼。尽管我清楚，谁也对付不了小吉普的胡搅蛮缠，也没有人能克服小吉普留在意识深处的那种压抑和屈从的惯性。更何况，我们和小吉普的交往中，遵循的从来不是平常世界的逻辑或规则。

2

如今能说出小吉普大名的人恐怕寥寥无几。小吉普真正的名字叫周要武，不过在我认识他之前，小吉普这个诨名似乎就已经在街上那拨孩子中间喊开了。这个外号并非像我一开始理解的那样，形容他在街上如何横冲直撞，威风八面。相反，是嘲笑他在一次打架时如何撒开脚丫逃得飞快。

小学三年级开学第一天，小吉普从四年级不可救药地掉到了我们班上，恰好和我做了同桌——开始我还以为，这个浑身脏兮兮的家伙是从外校转来的插班生哩。尽管比我们大了一岁，小吉普当时仍显得又瘦又小。我相信，班主任"蔡包头"打发这个顽劣难驯的皮猴坐到最后一排，纯粹为了耳目清静。

在我的影集里，有一张当年去西山岛春游时和几个同学的合影——无疑也是"蔡包头"的杰作。那张褪色的黑白照片上，其他人都勾肩搭背模样亲密地挨在一起，只有小吉普一个人歪着头撇着嘴，满不在乎地站在一边。即便抛开那个匮乏年代的痕迹，小吉普仍邋遢得近似于街头无赖：他的头发油腻蓬乱，胳膊上到处都是莫名其妙的疤痕，狡黠的小眼珠逢人就滴溜溜乱转。他那些松松垮垮、缀满补丁的外套似乎终年散发着一股难闻的混合着霉味和鞣酸的怪味。

为了打发课堂的无聊，小吉普口袋里总是塞满了各种乱七八糟的玩意儿：用子弹壳和铅丝做的火药枪、里面养着蚱虫的百雀羚小铁盒、玻璃珠、一个铝质五角星、水果刀以及一块看起来毫不起眼的磁石。一天，小吉普终于忍不住想炫耀一下那块磁石的神奇之处，不料它从桌肚里掉了出来，像玻璃珠似的一路蹦跳着，滚到了讲台跟前。小吉普立即趴到地上，毫不理会周围吃吃的笑声和那些踢他屁股的鞋尖，沿着课桌间的走道飞快地向前爬啊爬。没等他偷偷爬到讲台那儿，正在写板书的"蔡包头"就扭过头来。他火冒三丈地把哭丧着脸的小吉普一把揪到墙角，然后拣起他的宝贝扔到了窗外铺满煤渣的操场上。那块磁石终于有机会展示它神奇的一面：我们后来在操场上反复找了很多次，却再也没有找到它。

很快，小吉普就再次证明自己在学习上是一个不堪造就的笨蛋。即使我不遗余力地帮他作弊，期中考试他还是有两门功课没及格。一门是弄错了选择题答案的顺序，另外一门则是被他慢得像蜗牛爬的抄写速度耽误了。跑起来一溜烟儿的小吉普写起字来就像刻钢板。他那么可笑地咬紧嘴唇，似乎用整个拳头攥着不听使唤的铅笔头——至于那些以极大耐心捣鼓出来的汉字，无疑具有某种令人过目难忘的特殊风格：它们一概张牙舞爪，力透纸背。

或许，我还能找到小吉普当年难能可贵的墨宝，那是1986年初他从西山监狱写来的几封信。当时我刚到南京上学，寄贺年卡的时候不知怎的，忽然心血来潮地想起了这位被遗忘的朋友，就用生活费给他寄了几个午餐肉罐头和一条大前门香烟。在那封词不达意、错别字连篇的回信上，小吉普除了表示无限感激外，还反复叮嘱我"别的东西都无所为（谓），下次最好全卖（买）香烟寄来"。当然，不可能再有什么"下次"。我很快就把得寸进尺的小吉普抛到了脑后。

寒假过后一个多月，我记得小吉普又接连来过几封信。那些信可以用一句话来概括，就是要我继续给他寄烟。而实际上，由于游手好闲的大学生活里迅速滋生的各种恶习，那会儿我已经拮据得每到月底连菜金都没有着落了。在最后一封信上，迟迟不见回音的小吉普终于打消了奢望，他让我下次回苏州时顺便去趟他家，催他母亲赶快去西山探监。

就这样，那年"五一"回苏州，我硬着头皮去了一趟临顿路。算起来，那可能是隔了十年后，我再次走进小吉普家，也是自从我们家搬到城西以后，我第一次踏上那条坑洼不平的碎石子街巷。不知是出于自卑还是在街上厮混的必要谨慎，小吉普当年从不主动邀请别人去他家玩。另外还有一个原因是，谁都怕招惹他那个骂起街来凶悍无比的母亲。

小吉普的母亲除了在街道工厂粘纸盒外，平时还替街坊们浆浆洗洗、缝缝补补来贴补家用。我还记得她蓬头垢面，形同高尔基笔下那个走起路来风风火火的泼辣厨娘，叉着腰，怒冲冲地闯进正在上课的教室，一把揪起小吉普的耳朵，不由分说把他拖到了走廊里。你这小瘪三！你这只养不家的野狗！快说，你昨晚究竟死哪里去了？她这么边走边骂，把我们所有人都弄得目瞪口呆。

而那个让小吉普一次次逃跑的家又是怎样的一个家啊……烟熏火燎的天花板上挂着蜘蛛网和吊吊灰，堂屋还像当年一样阴暗、潮湿，堆满了不知从哪里收罗来的破烂，仿佛浑浊的时间之河淤积的污泥。我犹豫半天走进厢房，发现自己面对的不过是一个愁肠百结又可怜巴巴的寡妇。

小吉普母亲似乎比十年前更加枯瘦干瘪了，佝着背，神情又麻木又阴郁，看上去完全是一副被生活压垮的模样。

没等我把话说完,她就立即凶狠地咒骂起来。那些粗俗不堪的街骂经过她那副粗嘎沙哑的嗓门,似乎就变成了一种无意义的干号或呻吟。你和那个杀胚说,他老娘翘辫子了。她艰难地咽了口唾沫,愤愤说道。我一声不吭地望着她不断翕动的嘴唇。不知过了多久,她的整个身子似乎轻微颤抖起来,突然捂着脸,坐在床沿上无声地抽泣起来。

不知怎的,每当我想起小吉普,眼前就会不知不觉浮现出他孤零零过活的母亲的形象——不仅因为这个混合着粗暴和忧伤的画面在记忆里难以磨灭地生动,而且还因为它似乎缺乏常识上必要的连贯和完整。我从没见过小吉普的继父,那个病病歪歪的懦弱男人似乎在小吉普记事以前,就死于他妻子的唾沫和一堆破棉絮中间。

至于他的生父,那个缺席的影子似乎从他出生那天就幽闭于人们意识的最底层。不过,大约在1991年的冬天,我和小吉普去公园舞厅跳舞时,倒是遇见过他随生父生活的哥哥,一个面色灰暗、沉默寡言的机修工。让人奇怪的是,无论是长相、举止还是说话的嗓音,他们似乎都毫无相像之处。在两支舞曲短暂的间隙,兄弟俩偶尔的对话就像一段破损的家庭记忆的延续,带着彼此不屑一顾的疏远和形同陌路的冷漠。

3

我匆匆跳下出租车,一眼就瞥见了懒洋洋靠在舞厅门口的小吉普。他抄着手缩着脖子,左腿肚搭在右胫上,脚尖有些神经质地敲着水磨石地面。在我们长大成人后交往频密的那几年里,这个百无聊赖的姿势似乎已经成为小吉普独特的标签,胡乱粘贴在每个无所事事的夜晚。不过有谁知道,这副看上去似乎对什么都提不起精神的怠惰模样,不是为了在稍后凶狠的追逐殴斗中,让浑身的肌肉绷得更紧呢?

小吉普毫无必要地大叫一声,从台阶上飞快地走过来,亲热地拍着我的肩膀。"怎么样?过得怎么样?"他假装快活地嚷嚷着,"哎,老兄弟好不容易见了面,怎么连一点高兴的样子都没有?"

"你怎么突然跑到南京来啦?"我嗫嚅道,像以往他每次突然冒出来时一样,心里暗暗祈祷,但愿他不是因为拿刀子捅了人出来避风头,或是在暗中摩拳擦掌,准备对新街口附近的哪家银行下手——尽管凭我对他的了解,像他这样的街头混混还不至于如此穷凶极恶。

"我高兴啊。怎么,来看看你都不行啊?"

也许,他是真的感到快活。这种快活就像抓了满把清一色的赌徒,单等着愁眉苦脸的下家在犹疑中点炮。我同样确信,不管命运为我们的重逢做出怎样稀奇古怪的安排,都已无法重现二十年前那种秘密而单纯的快乐了。那快乐就像一束活泼的舞台光，始终追随着我们在观前街上游荡的幸福时光。

似乎为了感谢我在考场上的不遗余力，一个星期三下午，小吉普在醋坊桥头慷慨地和我分享了他的伟大发现。我们俩撅着屁股，趴在糖果店柜台前的水泥地上。小吉普拿着一根小树枝，在柜台和地面间细窄的缝隙里耐心地拨拉着，通常他总能找出好几个从粗心的顾客们手上掉进去的硬币来。那些硬币要在我们汗津津的手里攥上好半天，最后才变成小人书、乒乓球或是几粒咸味糖。

谁会想到，小吉普，这个在学校里出了名的笨伯兼倒霉蛋，一旦走进大街竟会摇身一变，立即成为一个无人能比的机灵鬼。无论大街小巷，没有哪个地方不是他游荡的天堂：积满污水的防空洞，流浪汉出没的桥洞，坍塌的土城墙，或者是夹在大杂院之间漆黑的小弄堂——这些曲里拐弯的夹弄当然是用来逃命的；如果有仇家堵住了两边巷口，想来个瓮中捉鳖，你可以穿过这些通常不为人知的夹弄，轻松溜到另一条街上。事实上，没过几年小吉普就越来越频繁地要靠它们脱身了。

我像一个懵懵懂懂的外地客，被动地跟着小吉普朝喧闹的舞厅深处走去。这间迪斯科舞厅似乎正是利用防空洞改建的。灯光惨淡的弧形甬道使人不由得隐约产生某种错觉，仿佛它悲惨的尽头正隐藏着某个阴暗、潮湿的洞穴，老鼠和臭虫们的乐园——不用问，无疑是惯于夜间出没的小吉普们最喜欢光顾的地方。

哦，夸张了。舞厅里的实际情形远非我想象的那么夸张和恶劣。也许算得上恶劣的，仅仅是混浊的空气和糟糕透顶的音乐。小吉普有些大大咧咧地带着我绕过舞池，来到一个幽暗的包间。沙发里的数个男女几乎不约而同停止了放肆的调笑和打闹，转过脸，充满戒备地上下打量着我。

"呃，他就是你说的那个……"隔了一会儿，一个头发染成金黄色，两条腿架在茶几上的家伙吐了口烟，警觉地问。

"我表弟，"小吉普故意不耐烦地说，"舅舅家的。"

我毫不惊异地瞥了他一眼。如果哪次见面我没有落入诸如此类的尴尬，那才叫见鬼呢。不夸张地说，他出狱后我们重新交往的那几年，我已经在他结交的各路狐朋狗友面前变换过十来种身份了。也许这样一来，小吉普就无须为我在他那个世界里呆头呆脑的举止感到难堪和丢脸——也只有在这一点上，我才对小吉普随心所欲编造的瞎话一次次心存感激：作为小吉普的"亲戚"而非朋友，我既有理由拒绝参与他们无聊而令人憎恶的勾当，又不至于招致无缘无故的猜疑甚至危险。

我情愿尴尬万分，也不愿成为小吉普的同案犯。

4

1989年夏天，我大学毕业回到苏州，分配到一家旅游公司做导游。小吉普恰好刑满释放。一天下午，我蹬了辆三轮车去火车站取托运的行李，迎面碰上了在附近游荡的小吉普。他无精打采地叼着烟，手抄在裤兜里，抖着肩膀，似乎以一种只有在电影上才能见到的慢动作，摇摇摆摆地晃了过来。

"嗨！嗨！还东张西望哪——对，就是你！怎么啦，你他妈的连老兄弟都认不出来啦？"小吉普觑着眼，嘲弄似的咧咧嘴。然后不由分说抓过我的托运单，塞到旁边一个形容猥琐的黄牛怀里。"这种事交给我们这些粗胚就行了。"

我呆立了片刻。随即，为了打消最初的尴尬和慌乱，开始滔滔不绝地发表起无聊的感慨来。一丝厌恶或怪异的神情匆匆掠过小吉普局促不安的脸，我觉得他马上就要破口大骂起来。又或者，他还在为这次时隔六年的邂逅寻找恰如其分的措辞，因此犹犹豫豫地抱着胳膊，低着头沉默不语。他粗壮的右胳膊不知什么时候文上了一条丑陋的青龙。那条张牙舞爪的龙与其说具有恫吓人的效果，不如说恰好暴露出文身者一厢情愿的幼稚——看起来，那些蹩脚的笔触跟我们小时候用蓝黑墨水画在手背上的那种几乎没什么区别。

我不知道过去那段贫瘠、荒凉的岁月，究竟还能提供多少养分，来维系我们无谓的联系和早已淡漠的友情——尽管那段了无踪影的友谊同样不缺乏必要的忠诚、信赖以及留在记忆中的淡淡温情。偶尔，它甚至还会形成一圈淡淡的光晕，投射在只会愈加乏味的现实之上。

至少，在同窗共读的某些时刻，我曾不止一次对小吉普接纳我这个笨头笨脑的朋友而感激不尽。有天下午，我们沿着铁合金厂的围墙还没跑进临顿路口，就发现有两拨人高马大的初中生正在巷子里群殴。负责堵巷口三个家伙显然误以为我们是赶来增援的对头，挥舞着砖块、皮带和自行车链条突然从藏身的门洞里直冲过来。我被这个从未经历过的可怕景象惊呆了，丧魂落魄地站在原地，双手抱着头一动不动。我闭上眼，绝望地等着飞舞的砖块和军用皮带上闪亮的铜扣。

机警的小吉普本来已经飞快地逃开，这时却又折了回来，喘息未定，开始不要命地咒骂起来。他立即被打翻在地，在泥泞里翻滚哀号。当我这个得以幸免的废物从恐惧中回过神来，拽着他没头没脑地逃离，他的脸已经肿得像一块嵌着红绿蜜饯的发糕。

也许，有必要补充的是，当年临顿路一带，每个孩子几乎都免不了会遇上这类让人惊恐莫名的场面。运气差一些的话，这个混乱的场面还会更加残酷和血腥，以便于他们回到家以后继续簌簌发抖。而倔强的小吉普似乎因此萌生了一个模糊的愿望。从逻辑上说，这个简单的愿望无疑充满了混乱和自相矛盾：他暗暗发誓要在街面上混出点名堂来，成为一个行侠仗义的英雄（在某些时候）兼人人害怕的恶棍（在绝大多数时候）。

到我们上小学五年级，小吉普身上的流氓习性就渐渐暴露出来。在课堂上罚站和被叫到教室办公室训斥，早已成为他的家常便饭。他的个头似乎在一夜之间蹿了上来，成了一个骨骼粗大、粗野健壮的家伙，在学校里睥睨群雄。他凶猛的拳头和不要命的打法使所有敢于挑衅的对手都望风而逃，又在那些比他小一号的同学面前赢得了卑躬屈膝的敬畏。

此时，他的斑斑劣迹已经不限于诸如上课时用柏油粘女同学的头发，揍扁隔壁班某个家伙的鼻梁骨，或是躲在厕所里抽烟之类的淘气勾当，还包括频繁逃学和参与群殴。他趁开学典礼偷偷溜回教室，把全班刚发下来的新课本卖到了废品收购站。又有一次，为了报复留他训话的跛脚校长，他把一只戳死后开膛破肚的老鼠放进了他办公桌抽屉。

在"蔡包头"声色俱厉的责令下，我只得一次次跑去把小吉普的母亲喊到学校来。每当那位愤怒的母亲带着红肿的眼圈从学校回到家里，在劫难逃的小吉普就已经等在了堂屋里，他嘴角挂着一丝满不在乎的冷笑，瞥着靠在墙角的洗衣槌。在随后一个沉默而令人不安的画面上，小吉普的母亲一声不吭地挥舞着木槌，而小吉普既不告饶也不辩解或抵抗，只是用手死死护住头——这样，他第二天就不会因为鼻青脸肿而招人耻笑。

有时候实在被揍得太狠了,他就会绕着桌子在堂屋里乱跑——远远望去,这对奇怪的母子似乎正一言不发地玩着官兵捉强盗的游戏。随着挨揍的次数越来越频繁,小吉普绕桌乱跑的半径也变得越来越大。在强大的离心力作用下,跑得飞快的小吉普终于被甩上了大街,远远地跑出了我们的巷子。而他母亲直到此时才扔下木槌,气喘吁吁地扶着门,对着街上的一溜烟尘开始绝望地大骂起来。

5

我从没有统计过小吉普结交了多少狐朋狗友,但我相信,那肯定是一个多少有些令人吃惊的数字——多到足以使任何一个为人正直又循规蹈矩的人,因此对他置身其中的世界抱定某种悲观和绝望的看法。哦,又夸张了。否则,我早该有机会每月从公安局领取一笔不菲的秘密经费了。

那份庞杂的名单在我记忆中有些混乱了,现在只剩下屈指可数的几张面孔:一个除了对牌桌上的输赢糊里糊涂外,据说连自己儿子是谁的都弄不清楚的、外号叫"糊涂"的赌棍;一个额头长了颗瘊子,尽管不断涂抹廉价香水依然满身腥味的鱼贩子;一个眼神凶狠,由于嘴唇边那道破相的伤疤说起话来有些含糊不清的打手,我曾见过他凭拳头抢来的疯疯癫癫的女朋友;一个如果你问他的近况,他身上就会又多了条人命，其实不过为了蹭几口酒喝的混混；还有一个在任何场合都喜欢吆五喝六，右手除了大拇指以外都戴着金灿灿的大方戒的愚蠢可笑的建材行老板——他的愚蠢还在于，他似乎对自己置身险境这个事实一无所知。

我从不清楚这些人和小吉普的亲疏远近。回苏州工作的那几年里，我经常会在某些场合遇见这些难画难描的家伙。就像他们始终难以接纳我一样，不管小吉普如何从中撮合，我怎么也无法加入他们无聊的谈话和不为人知的勾当。

我有些不安地站在原地，笑容僵硬地看着沙发里那几个脸容晦暗的男女。这会儿他们已经把目光懒洋洋地移开，继续刚才的打情骂俏。一个瘦得像麻雀的小姐似乎不是被灌醉了，就是已经磕了药，嘴里不时发出刺耳的尖叫，脑袋像骰盅一样摇个不停。小吉普在她屁股上狠狠踢了一脚，聪明地建议我们到外面找张空桌子聊聊天。

直到现在，我仍不知道他这么晚把我叫出来是为了什么，更不明白这只一次次从地下冒出来的鼹鼠对于我究竟又意味着什么。到苏州国际旅行社上班没几天，一天下午我正在办公室翻导游手册，楼道里忽然传来了一片激烈的争吵声——是叼着烟、斜着肩膀疾走的小吉普正和不依不饶地跟在他身后的门卫吵架。他这么毫无礼貌、大摇大摆闯进来，当然是为了看望我这个老朋友，同时也"附带地"要我帮他一个小忙：带些腰包鼓鼓的旅游团队去十全街上一家充斥了假货和骗人的劣质玩意的工艺品商店购物。

那家破破烂烂的商店正是他和我见面以后,灵机一动跟人合伙新开的。在我匆匆分开围观的同事上前劝阻时,怒气冲冲的小吉普已经掐着门卫脖子,正准备挥舞拳头把对方痛揍一顿。我至今还记得同事们诧异的眼神和自己的狼狈相,那些眼神似乎清楚地指出了一条形同小时候用铅笔刀在课桌上刻画的、难以逾越的分界线。

如果不是因为突然开始试行的升学考试,毫无疑问我会和小吉普继续做中学同学。这个可怕的假设现在我连想都不愿去想。1979年秋天,小吉普勉强考上了南显子巷那边的十五中,我则不得不每天提着饭盒,乘公共汽车穿过半个城市去城南的九中。而我们此后断断续续的交往似乎也随之转到了校外——更准确地说,是我和他在街头巷尾的一次次偶遇。

在我下了公共汽车往家走的那一小段路上,小吉普那颗懒洋洋的脑袋似乎随时可能从哪根电线杆背后或是某个避风的门洞探出来,身后还总跟着几个歪戴军帽、流里流气的家伙。他常常眼睛一亮,挠着后脑勺走过来,吞吞吐吐地问我身上剩下的零花钱够不够一包烟钱。他不好意思是因为,他们蹲在那儿,本打算干剪径的勾当。

一天傍晚,我正带表弟们在院子里玩耍,大门忽然从外面被砸得震天响——是神色紧张的小吉普。他手里抓着半截红砖，冲进来想暂时躲避另一伙小流氓的报复。在父亲对我的大声呵斥下，小吉普硬着头皮在漆黑的柴房里待了半个小时，离开前，他执意把砖头换成了一把斧子。又有一次，他莫名其妙地让我抄上家伙去盘门外的某个地方集中——直到后来"严打"时我才得知，那是一次有几百人参与的出了三条人命的群殴。同样被莫名其妙叫去的小吉普作为小喽啰，侥幸逃脱了法网。当然了，我没有去。有天中午，我们中学教学楼前的小花圃那边突然传来一阵痛苦的嚎叫——又是小吉普！带着几个家伙在疯狂追打高年级的一个体育特招生，起因据说是那个被揍得头破血流的特招生抢了谁的女朋友。

一次又一次，小吉普每一次匆匆出场都要比上一次更加蛮横粗暴，邪气十足。他大言不惭，谎话连篇，动辄惹是生非，恃强凌弱。就这样，我们断断续续的交往渐渐变成了我们小学时代的回声或涟漪，越来越无力，越来越令人感到陌生、尴尬和疑惑。日复一日，小吉普走上了流氓之路。

我开始有意无意地躲着小吉普走。我不知道，他一次次从街角慢腾腾走出来叫住我，然后再毫无目的地东拉西扯一番，究竟为了什么？我既不可能再像以前那样跟着他在街上游荡，也不可能带来什么新鲜、刺激的乐子，连我这个人也已经被证明不过是个"没种的胆小鬼"。

唯一站得住脚的解释是，小吉普与常人迥异的大脑构造导致了一种奇异的逻辑:他似乎将人们正常的淡忘视为不能原谅的背叛。他无法容忍我下意识的疏远和躲避——因为在他看来,这段关系即便非如此不可的话,也应该由他来决定。因此,我越是冷淡敷衍,小吉普一见我就越热情洋溢。由于这种可笑的错位,我们的联系尽管始终滞留在过去,却怎么也无法越过遗忘的临界点。

"娘舅身体怎么样?"小吉普开玩笑地冲我眨巴着眼睛。我必须支起耳朵才能透过舞厅里震耳欲聋的嘈杂声,听清他说的话。

"死了。"我没好气地哼了一声。

我疑惑地看着小吉普装模作样、得意扬扬的嘴脸,再次迷惑于自己怎么会一次次不假思索地接受他粗俗、虚伪的邀请。更何况,那与其说是邀请,倒不如说更像是傲慢无礼、不容拒绝的命令。我和小吉普成年后的交往似乎就建立在这种可悲的模型上:我总是一边不停地为自己不自觉的懦弱、胆怯感到羞愧,一边又近似麻木地开始新一轮屈从和妥协。

"哦,"小吉普看了看表,继续眨巴着眼问,"那么小舅妈呢?"

"也死了。"

6

上高中的时候,小吉普在临顿路一带渐渐成为一个以狠勇好斗著称的角色。为了不堕用拳头和斧子闯出来的"赫赫威名",他频繁寻衅滋事,出手凶狠残酷不计后果。就这样,到了1984年初,他就不得不去太湖里的西山监狱,对着坚固的囚室墙壁练习他凶猛的组合拳了。

听到这消息,在惊讶和惋惜之余,我不禁松了口气,暗自庆幸自己总算把这块黏糊糊的狗皮膏药甩到了身后。实际上,此时我们家已经搬离了临顿路,而小吉普他们一伙的地盘也转移到集中了好几家电影院的北局附近,我们本就不多的交往变得更加有限。在随后的复习迎考间隙,如果说我还偶尔想起过这位正在服刑的老友,也不过是为了让自己绷得太紧的神经得到片刻放松罢了。

其后几年里,我从未想到和小吉普还有邂逅重逢的一天——因为任何人,除非他是个疯子,都不可能蠢到将一个穿着卡其布囚服的罪犯塞到自己美妙的未来图景中。因此,当我后来极其意外地在火车站迎面撞见小吉普时,首先感受到的就是一种再熟悉不过的沮丧。唯一让我稍感安慰的是,小吉普看上去似乎已经乖乖收敛起了天性中的蛮横和暴戾之气——尽管我们也可以认为,这不过是他在监狱中学会了忍耐和狡诈的伪装。

谁都不可能知道，那个从生命中白白流失的六年对小吉普意味着什么。他从不和人提及服刑时的情形：不得不扳着手指计数的、难熬的时光，狱霸的欺压，以及那些近乎绝望的失眠之夜——仿佛提起这些都会重新带来梦魇般的压力。就努力去适应陌生的环境而言，1989年夏天我们的处境似乎具有某种相似性。

各种纷至沓来的烦恼和对自己注定要过的生活的失望，对于我不过是踏上社会的第一课，对于小吉普则无疑是双重的惩罚。在家里，伤心透顶的母亲早就视他为路人；在街上，当年那帮一起鬼混的兄弟大部分也过上了循规蹈矩的生活，他们同样对他避之犹恐不及。而剩下的几个，除了一开始对他蹲大狱的经历表示了有限的敬意外，似乎对他的所作所为一概嗤之以鼻——因为即便把流氓作为一个行当，他也离开得太久了，就连他满嘴的那套粗话和切口也早已经过时了。

小吉普出狱后，先是和各种票证黄牛厮混过，开过专门宰客的纪念品商店，在观前街灯光夜市摆过地摊，后来还央求我托人帮他注册过倒腾塑料粒子和建筑模板之类的皮包公司。除了坑蒙拐骗，他似乎干一次赔一次。这些买卖他做得长的有几个月，短的只有几个星期，最后都不得不关门大吉。1992年底我离开苏州的时候，身无长物的小吉普在怨天尤人之余，终于干回老本行，去一家歌舞厅替人看起了场子。

也许，我当初回南京读研究生是一个错误——这无非是为自己在现实世界中的不如意寻找借口。正是这种消极逃避导致了那些在我生活中至今仍难以消弭的后遗症：离婚，失败感，神志阴郁，失去人生目标和动力……而这个选择的唯一正确之处是，我终于摆脱了小吉普死乞白赖的骚扰。

那时，我们的关系早已不复同窗共读时的单纯——甚至比中学时代的纠缠更加糟糕和难以忍受。无论是那些被小吉普死拉硬拽去海滨浴室泡澡堂的下午，还是磕磕绊绊地跟着他分开人群，穿梭于公园舞厅或华侨饭店大堂的晚上，我从未感到过坦然和自在。但只要一见面，小吉普就能够迅速地在我们之间制造出某种虚假的亲密气氛。也许，在小吉普眼里我多少还有点用处。他不断地跑来跟我借钱。在这方面他绝对是一个天才：要么是门外有人正操着家伙逼他还赌债，要么就赖在我办公室不走，可怜巴巴地说他两天没吃饭了——当然啦，谁也不可能指望他借钱以后的记性。

我隔着衣服摸了摸钱包，里面大概有一千块钱。除了借钱，还有什么能让多情的小吉普在八年之后，重新想起我这个冤大头呢？我只希望，这个要打发的瘟神现在的胃口不至于太大。我低着头，小口喝着啤酒，有些焦灼不安地等着对面唾沫星子乱飞的小吉普尽快说出来意。

7

"这几年怎么一点消息都没得,是不是连老兄弟都不想要了?"小吉普得意地晃着脑袋,操着现学现卖的南京腔说道,"我就是这么个臭脾气——别人不想跟我玩,我就偏要和他搞到一起。"

"哪里,"我心神不定地敷衍道,"混得不好呗。"

"哎,这么说就没意思了!"小吉普翻起眼睛盯着我看了一会儿,点点头,"你当然不能和我们这种吃社会饭的人比——你猜猜,我从头到脚的这身行头加在一起值多少钱?说出来没准会吓你一跳。你知道我现在每天开销又有多大?别的不算,就说宾馆的包房和租车……"

"但也不是那么容易的,对吧?"我不无讥讽地打断他的话。

我希望这么说能帮他尽早把自己降到地面,顺顺当当地转入正题。尽管隔了八年,我发现小吉普这套自我吹嘘还是一点新意都没有。端着一副从电影上学来的大流氓架势,架着腿,咬着象牙烟嘴,却忘了只有街头小流氓才会把全部家当都放在身上。

有时候我觉得,小吉普不仅投错了胎,也生错了时代。如果放在几百年前,或许小吉普完全有可能成为乱世中的草莽英雄。而现在,他只得无可奈何地堕落成一个人人憎恶的流氓。又或者,不管在任何朝代,流氓就是流氓——更何况,小吉普永远不可能出息成一个他梦寐以求的大流氓。他小时候是街头小流氓,长大了是没出息的打手,以后则会是一个除了吧嗒着嘴遥想当年,即使在流氓圈里也没人理会的老混混。

"不管怎么说……呃,不管怎么说,兄弟永远是兄弟,对吧?喂,再拿四支啤酒来……眼镜,我跟你说,千万别太死心眼,这个世道早就变了——现在我总算知道,什么都是假的,就连拳头也是假的。只有那些愣头愣脑的小角色才喜欢成天打打杀杀。在社会上混现在讲的是这个——"小吉普勾着脖子,嘴里混合着酒味和烟臭的浊气几乎喷到我脸上,右手三根手指令人厌恶地在桌面上来回捻动着。"钱!比方说,你看看周围那些骚货,别看她们摆出那副一本正经的样子,其实不过是价钱问题。"

他那么费劲地翻来覆去、絮絮叨叨地谈论这个乏味的话题,似乎纯粹想推心置腹地开导我一番。我呆呆望着桌上一堆喝空的酒瓶,不知道这段折磨人的拖沓的内心独白什么时候才会结束。说着说着,小吉普似乎已经进入了角色。他肆无忌惮地嚷嚷着,冲着从我们桌前经过的姑娘指指戳戳。我赶紧按住他,生怕他又挑起无谓的争斗,或吐出更加不堪的话来。

"不早了,我明天一早还有课呢,"我推开椅子,硬着头皮站起来,"要不,我们改天再约时间……"

"怎么,椅子上有钉子吗?你说说,我们有几年没见面了——我说,你还记不记得兄弟两个字是怎么写的?是兄弟你就给我坐下来……嗯,这还差不多。要我说,你这个人最大的毛病就是不爽快。"

"唉,我实在不习惯这个地方,"我有些沮丧地嘟囔道,"在南京我晚上很少出门。"

如果刚才我就那么走掉,会发生什么?也许什么也不会发生。而且很可能,小吉普此后就会从我的生活中彻底消失。那么,我为什么要屈从于他身上看不见的压力呢,就好像拒绝他就会真的招来某种不幸和灾难似的?但至少,几十分钟的尴尬不安总比招惹那些我想都不愿想的麻烦要轻松得多——不说别的,小吉普只消带上几个人来我家住上三四天,就够我头痛欲裂的。

不知什么时候,那个满头金毛的家伙已经从包间里来到我们桌边。"怎么,连妹子都扔在旁边不要啦?"

他拍了拍小吉普的肩膀,翻了翻手腕,似乎示意他留神时间,然后笑嘻嘻地从口袋里掏出一盒香烟,弹出一支扔到我面前。小吉普扭头瞪了他一眼,飞快地抓过那支烟塞回他烟盒。

"别瞎搞!我这兄弟可是老老实实的读书人。"

"怎么?"我疑惑地望着那家伙悻悻离去的背影。

小吉普阴沉着脸，微微摇了摇头，忽然没头没脑地长叹了一声。"其实，社会饭也不是那么好吃的。"他没头没脑地说。

8

仿佛为了打消我的忐忑不安，小吉普终于语焉不详地透露了他们此行的来意。苏州有个做汽配生意的老板被一伙南京人吞了一大笔货款，索讨无门。为了出口恶气，他搬来小吉普他们出面追债。从小吉普极力掩饰的焦躁神色看，这趟看似轻松的短途旅行似乎相当棘手——不用说，他们人生地不熟，对方人多势众又背景复杂，稍不小心就可能演变成一场血腥的砍杀。

小吉普缩着脖子，歪着身子陷在椅子里，右手指关节有些神经质地敲着桌面。他每隔几分钟就捋起衣袖看表，似乎焦急地等着什么人或什么指令。也许，他们正在等对方赴约——提着一袋现金，或提着土枪和砍刀。那么，他把我叫出来总不至于就为了稍后摊牌的时候，多出一个碍手碍脚的帮手吧？我费劲地想着，感到太阳穴阵阵胀痛，心口开始怦怦乱跳。这是一个多么荒唐又该死的夜晚啊！这时候我本该躺在床上，机械地数着数，叹息自己如何时运不济，如何寂寞孤独——现在，过去那些无聊的夜晚似乎都成了难得的幸福。

一束耀眼的白光突然从头顶缓缓扫过我们的脚边，就像从黑暗里抛过来的一卷消毒绷带。随即，令人心烦意乱的噪声又使整个密闭的洞穴兀自震颤起来。远远望去，舞池中央那几个孤零零的男女似乎裹在一层半透明的薄膜里，在那里绝望地挣扎着。

"不行啦，真的要走了——我觉得胃里有些不舒服。"

"又来啦又来啦！难道有人在被窝里等你吗……哦，我早就猜到了……我说，你有多久没照过镜子了——你看看你自己这副萎不拉叽的鸟样，这就是堂堂的大学老师？脱了帽子是秃子，摘了眼镜像瞎子，要钱没钱，要女人没女人——你知不知道，你沦落到今天这个地步，究竟是什么地方出了毛病吗？别这样，眼镜。你听我说……"

"随你怎么说——我可能喝多了，真的不舒服。"

"哦，哦，不舒服了。是啊，凭什么像我这种瘪三成天神气活现逍遥自在，吃住都是高级饭店，要多少女人就有多少女人——没道理啊，对吧？告诉你吧，根本没什么道理……你，你笑什么？我说的话很好笑吗？"

一个穿着黑大衣的家伙急匆匆地走到桌边，把我从坐立不安中解救出来。他俯身在小吉普耳边小声说着什么。小吉普蓦地坐直身子，随即从椅子里跳了起来。他冲我做了个莫名其妙的手势，一言不发地跟着那个人径直穿过舞池。

看来，小吉普他们马上就有麻烦了——我的感觉向来不会出错。但是，这与我又有什么关系呢？或许，我还能就此脱身，摆脱掉这个满嘴愚蠢的胡扯、毫无幽默感的家伙。

我叫过服务员结了账，沉吟了一会儿，将香烟和打火机留在桌上，绕着舞池快步朝厕所走去。这是不失聪明和稳妥、曾经屡试不爽的做法：如果小吉普一伙惹上什么麻烦，我早已经置身事外；如果事后证明虚惊一场，那么我不过中途去了趟洗手间罢了。

然而，对于这个荒诞不经的夜晚，似乎任何合乎逻辑和常规的做法都注定落得滑稽可笑。我匆匆推开厕所门，发现小吉普和那个头发金黄的家伙正像热锅上的蚂蚁，面面相觑地站在空荡荡的小便池前。在抑制不住的懊恼和惊讶中，我几乎就像木偶一样被眼睛一亮的小吉普搜到了门边。

"怎么啦？"我含含糊糊地叹息道。

"今晚好像不太平，"他用一只脚抵住门，压低了嗓门说，"不管怎么说，眼镜，我们毕竟是这么多年的兄弟——现在你帮个忙，这只箱子在你那里暂时保管几天。"

直到此时，我才发现小吉普手里还提着个不大的密码箱。"里面是什么？"我悚然一惊，迟疑地问。

"没什么。一些票据，钱，还有几件防身的家伙。"旁边那家伙冷冷说道。他的右手始终令人担心地抄着鼓鼓囊囊的裤兜，这时有些阴沉地逼视着我。

"就怕那帮家伙报了警。箱子里的东西有些烫手，"小吉普飞快地说,"这次把你叫来可真救了我的命了。你想啊,你会说南京话,再说,这里又没人认识你……"

厕所里又冷又湿。令人心烦意乱的滴水声间隙,某只注满水的水箱突然发出一声尖利的抽噎。莫名的忧虑像座大山一样压了过来。我脑子里一片空白,只觉得太阳穴突突跳个不停,似乎回应着门外隐隐约约传来的电子鼓的闷响。

我可能真的喝多了,意识到这个我忽然感到一阵加剧的恐慌:明天八点有三十来个学生眼巴巴等着我去做考前复习呢,而我经过这大半宿的折腾,早上肯定没法准时醒来了……我瑟缩着靠着门,呆呆地望着天花板上昏暗、惨淡的吸顶灯,下意识张了张嘴,却不知该说些什么。

"别磨蹭了——你说说,我有哪次害过你?"

我绝望地看着小吉普。他脸上似乎浮现出一种我从没有见过的,混杂着尴尬、残忍和惊慌的神情。我不知道,人们在面对两种看不见的恐惧时,通常会做出怎样的取舍——如果无法确定哪一种更加迫在眉睫,哪一种又更接近于死亡的气味。

洗脸池上方一面邋遢的镜子里,另一个我沉默地望着这边,苍白的脸,疲倦、发涩的眼睛,凹陷的面颊……陌生得似乎完全变了样子。

一阵匆忙离去的脚步声里,我发现自己已经机械地接过那只硬塞过来的密码箱。箱子沉甸甸的,仿佛那里面装的不是什么钢珠枪或斧子、剔骨刀之类的利器,而是我的全部身家性命以及二十多年来纠缠不休的有关小吉普的记忆……

是的,我的感觉从来不会出错:对于箱子夹层里小吉普舍不得销毁的摇头丸,它们就是!

盲人之家

他浑浊的眼珠像死鱼般呆滞无神。低着头，两只手不停地摩挲着一根早已摩挲成暗红色的手杖。说实话，我还从没有接待过如此沉默、奇异的来访者。他四十来岁，穿着件洗得很干净的灰衬衫和一条熨着裤线的旧裤子，衬衣的扣子恭敬地系到了最上面。通常，那些吵吵嚷嚷的来访者都有一副粗嘎的大嗓门，他们大多衣着寒酸，神情胆怯而又情绪激动。而这个瞎子却像个幽灵，无声无息地走进来，摸索着走到靠墙的破沙发前，静静坐下。他那张圆胖、呆板的脸上甚至看不出任何磨难的痕迹，只是因为不常出门走动而略显苍白。我瞥了一眼趴在桌上打盹的同事，无可奈何地折起手里的报纸，清了清嗓子。他的脸立即朝我转了过来，耷拉的眼皮毫无预兆地向上一翻，暗淡无光的眼珠和鼓起的白森森的眼白吓了我一跳。

"我来举报一桩谋杀。"他轻声说道。

我满腹狐疑地看着他，等着他说下去。他却兀自收住了话头,继续一遍遍摩挲着拐杖把手,就好像那是一只他从没有摆弄过的话筒似的。

"你说什么?"我忍不住开口问道。

"有人告诉我,那是你们批准的。"他的嘴角露出一丝得意的笑容。

"喂,你最好把话说清楚!"我的同事被吵醒了,抬起头没好气地呵斥道。

"我的房子整天在摇晃。屋顶上的瓦已经震掉了好几块,山墙上到处是裂缝……晚上我不敢睡觉,因为大梁和椽子都在嘎吱乱响。我的房子快要塌了,可是他们还在没日没夜地打桩……"

我叹了口气,懒洋洋地从抽屉里翻出接待登记簿,记下他的姓名和住址。"你肯定你家的承重墙有裂缝吗?到底有几条裂缝,最大的有多宽?"

"谁也别想骗我!我的房子整天在摇晃……这是你们的责任,不是吗?"他面无表情地说着,左眼珠飞快地滑向另一边,右眼珠却有些骇人地在眼眶里纹丝不动。说完,他又紧紧闭上嘴,呆坐在沙发里一动不动。

我心烦意乱地望着他干瘪、凹陷的眼眶。我发现,要和他正常交谈几乎是不可能的。因为他一个劲儿在那里颠来倒去地说着他的房子,就像在照本宣科地念他盘算了好几天的腹稿。

"你把我说的话全部记下来了吗？那么，你们准备什么时候来调查？"

"恐怕这不归我们管，"我用笔轻敲着合上的登记簿，尽量使自己的语气显得耐心和温和，"你应该去找施工单位交涉。"

"你记下来了吗？你说你全记下来了，又说你们不管这些——请你告诉我，这是什么意思？"

"你可能没听明白我的意思……"

"我当然不明白了，"他打断我的话，仍然不紧不慢地说，"那天早晨我正在床上做着好梦，突然间窗户外面'吭噔'一声响，我的房子就像只小船一样摇晃起来啦……"

我的同事幸灾乐祸地冲我做了个鬼脸。他伸了个懒腰，脸上一扫倦怠之态，开始津津有味地欣赏起这有趣的一幕来。而我不得不耐下性子跟这个难缠的瞎子一遍遍解释，没错，是我们规划了那幢大楼。但是，造大楼总得打桩，对吧？我知道，打桩把你的房子震裂了，这自然让你很伤脑筋了，所以啊，你就应该去找那些打桩的人算账。

"当初，你们紧挨着我门口砌围墙，我说'没关系'，你们弄得我家里到处是灰尘，吵得我整夜睡不好觉，我还是说'没关系'。我总对自己说'没关系没关系'，可现在，你们连我的房子都不放过……你说，这教人怎么活？"

"不是我们！是他们，是那些打桩的人！"

我心浮气躁地站起来，又沮丧地坐下去——醒悟到在一个固执的瞎子面前，这番夸张的捶首顿足无疑像猩猩一样可笑。真见鬼，他为什么不像其他瞎子那样戴上墨镜呢？我愤怒地隔着桌子，冲那张晦气十足的脸作势挥了挥拳头，逗得我的同事哈哈大笑起来。

他伤心地低下头去，沉默不语。半响，他回过神，慢腾腾地站起来，嘴里小声叹息着什么，一只手扶着墙，摸索着朝外面走去。他的手杖碰掉了门边报架上的报夹，这可不像自己会认路的瞎子干的。他慌张地蹲在地上，到处乱摸着。直到此时我才发现，他脚上始终趿着双邋里邋遢的帆布鞋。我如释重负地从椅子站起来，抓住他的瘦胳膊肘，把他一直送到走廊尽头的电梯口。

"唉，你是个好心人，这我看得出来……这年头，好心人越来越少了。"他停顿了片刻，反过来紧紧抓住我的手，低语道，"唉，你说，教我一个瞎子往后怎么活？"

我点头表示同意。是，是。我懂，我说，的确没法活。我心不在焉地把他推进电梯。他身上有股难闻的气味，一股说不上来的、混杂着汗酸和樟脑气息的霉味。

我回到办公室，趴在桌上继续看报纸。我忘了刚才看到哪里了，就把那张报纸又从头到尾读了一遍。后来，我走到窗前抽烟，无精打采地看着下面热闹非凡的大街。我没有立即发现那个瞎子。不知什么时候，他的鼻梁上多了副墨镜，拄着手杖站在马路斜对面的站台上。他慢腾腾地爬上了一辆公共汽车。

我很快把这个可怜的人儿丢到了脑后。但他却没有忘记我。几天后的一个下午，我正手忙脚乱地整理一大堆会议材料，突然接到了瞎子打来的电话。

"你为什么骗人？我天天在家里等——你们根本没有派人来。"他一开口就愤愤地质问道。

"你还要我说多少遍！"我用肩膀和下巴夹着电话机，不耐烦地回答，"你的房子和我们没有关系。"

"啊，啊，说得倒轻巧。有个工地上的人对我说：'等房子震塌了，你就可以住新家了，瞎子。反正我们不能不打桩，因为我们要造大楼……'"

"这主意不错啊。"我慢条斯理地挖苦道。

瞎子似乎被我激怒了，说话的声音陡然提高了一倍。"没关系，"他大声嚷嚷道，"没关系。迟早有一天，你们也会住进新家的——在那个冷冰冰、黑漆漆的骨灰匣子里，我比你们要习惯得多……"

我按下免提键，随他在电话另一头难听地嚷嚷不停。然后，两只手交叉，皱着眉，看着桌上堆积如山的材料、墨水瓶和文件夹发呆。这就是我每天乏味的工作：干巴巴的公文、日程安排、让人打瞌睡的会议，现在还要加上一个瞎子疯狂的诅咒。我不知道这种无聊的生活还要继续多久。我常常幻想有一天，自己突然从办公桌前站起来，就这么头也不回地走出去，把这烦人的一切远远抛在脑后。而在大街上等着我的，必将是另一种激动人心的、充满挑战和活力的崭新的……好啦，我从不认为自己是一个有勇气冲破现实羁绊的强者。更何况，对眼下这种沾满墨水的平庸的小公务员生涯，我早就无动于衷了。没关系。如果注定有一个难画难描的家伙不时从我沉闷的生活里跳出来，提醒我活得多么糟糕，那么我宁愿他是一个瞎子，而不是什么在南非开中餐馆的大块头。我本想半躺在椅子里，膝盖抵着桌沿，有一搭没一搭地把这个无理的瞎子好好逗弄一番。然而，一股无名的怒气突然顺着脊背蹿了上来。我忍不住对着电话吼叫起来：

"我没工夫听你废话——你爱找谁找谁去。"

我不由分说地挂断了喋喋不休的电话。但是没过多久，电话又不屈不挠地响了起来："你听！听！你听到我的窗户震得嗡嗡响吗？我的房子整天在摇晃……罪过啊，欺负我瞎子看不见……"

"哎，你到底想怎么样？"我泄气地咕哝道。

"老天爷！你说我能怎么样？我现在是冒着生命危险给你们打电话……这是我的房子啊。求求你们了，我的房子马上要塌了……"

面对一个瞎子的乞怜哀告，我能怎么样呢？况且，他真的开始了可怜巴巴的哀告。我只好硬着头皮去找审批那幢大楼的经办人。他有些傲慢地坐在椅子里,两只手平放在桌子上,嘴里不乐意地哼哼着。亲戚吗?他哼哼道。他的傲慢有些莫名其妙。我看着他,摇摇头,又把事情的来龙去脉说了一遍。他漫不经心地站起来,在乱糟糟的案卷柜里翻找着。这跟我们有什么关系呢?他嘀咕着。没关系,不过是个普普通通的瞎子,我冷冷地说。他总算把案卷找出来了。是紧挨西头那间吗?他疑惑地扭头看着我。大概吧,我哼哼道。这一片马上也要拆迁了。他又懒洋洋地瞟了我一眼,随即答应联系开发公司,让他们把这件小事处理掉。

接下来几天,我一直脚不沾地忙于琐碎的会议接待。等我把最后一个到会的专家送上飞机,筋疲力尽地回到办公室,一张便签已经在我的玻璃台板下压了好几天。寥寥几个笨拙的、几乎是幼稚的铅笔字撑满了整张稿纸:请问,你们什么时候来调查? 想想看吧,一个瞎子竟然会给人留便条!这太过分了。我的同事告诉我,他每天都来,进门后始终一言不发地坐在沙发里,一待就是大半天。为什么不找别人呢,老瞎子?因为他近乎荒唐地认为,我是故意躲着不见他。出于一个瞎子不容任何人轻慢的尊严,他决定用这种古怪的方式来表示他的抗议。

我和同事继续东拉西扯,一边抓起电话。那个瞎子似乎一直守在电话机旁,电话响了一下就接通了。

"你这算什么?"我来回扭着脖子,"这几天脖子都快忙断了。我的背疼得要命……哦,我没跟你说话。你说,你这叫什么?有问题可以好好反映嘛,不相信我也没关系,但是你不能……"

"你说得对——我就是不相信你们!"

"看来,我倒有些多管闲事了。"

"那么说,你们真的答应来调查了?"

"但是你不能胡搅蛮缠,"我说,"好啦,你只管睡你的觉就是了。"

瞎子在电话对面咯咯笑了起来。随后,他换了种讨好的口吻,结结巴巴地表示感谢。他千恩万谢,他说他从一开始就认定我是个热心肠。后来,连他也为自己肉麻的吹捧感到不好意思起来。他停顿了片刻,有些尴尬地提出能否请我的同事听电话。我求之不得。他又跟我的同事絮絮叨叨地说了半天,为这些天来的打搅一遍遍道歉。

几天后,开发大楼的那家房地产公司送来了一份调查报告。后面还附上了一份房屋安全鉴定书和详细的修缮清单。报告上说,他们去现场做了仔细踏勘和测量,未发现承重墙开裂。瞎子住的老屋只是由于年久失修,加上部分瓦片破损,屋面有些渗漏。尽管如此,他们还是"本着人道主义立场",替瞎子重新整修了屋面,粉刷了外墙。

我摇摇头,把那份报告夹进接待登记簿。实际上,登记簿那一页除了瞎子的姓名住址外,只有一片空白。不管怎么说,这件事总算了结了。真有意思,我的同事说。我疑惑不解地抬头看着他。那个瞎子,他补充道,说完又打了个哈欠。

起床后,我给单位打了个电话,告诉他们我突然发高烧,要请一天病假。然后,我就把躺椅搬到阳台上,舒舒服服地躺下去晒太阳。我没发烧,只是突然不想去上班。就是不想。从这一点来看,也可以认为我正在发烧。我点了支烟,两只光脚丫交叉搁在阳台栏杆上,决定就这么把这一天消磨掉。我看着自己扭动的脚趾,愉快地想,这个决定简直太随便啦。

快到中午的时候,卧室里的电话响了起来。哦,这时候谁也别想来打搅我。我懒洋洋地又闭上眼睛。电话响了几下就挂断了。随即又急促地响个不停,仿佛不达目的决不罢休。我犹豫了一会儿,慢腾腾地走过去抓起电话——竟然是那个瞎子!

"我现在就在你的办公室!"他气势汹汹地说道,"我只想问你一句话:你们究竟想把我的问题拖到什么时候?"

"不是已经有人来过了吗?"我很不高兴地回答。

"没错。可是我的房子照样晃个不停……现在摇晃得越来越厉害了,房梁和椽子嘎吱乱响,天花板上的灰泥就跟下雹子一样,一块块往下掉。啊,我现在才知道什么叫坐立不安。我甚至不敢在屋子里待上半分钟。"

这时,我同事的声音突然岔了进来。他有些尴尬地跟我解释道,他整个上午都穷于应付这个瞎子的蛮缠。现在我头昏脑涨,简直快要发疯了,他说。你说我该怎么办,我告诉他你在生病,可他死活赖着不走,什么解释都不听。他只认你说话……噢,没关系。我只得故意哑着嗓子,无可奈何地说。他立即松了口气,把电话交还给瞎子。这下子,就轮到我发疯了。瞎子已经懒得再理会他,就在电话对面哇啦哇啦说开了。

"没关系?你敢说没关系?哦,房子不是你的,当然和你没关系了。可是有人要天天待在里面,你说到底有没有关系?你说!"

我搁下电话机,去阳台上取了支烟回来。这时,电话里瞎子按捺不住的说话已经变成了一连串狂躁的咆哮:

"现在没话可说了吧?喂,你为什么不说话?喂,喂,你说!你们究竟打算什么时候……"

我吐了个烟圈,舒服地靠在床头,说:"你要我说什么呢,同志?今天你就饶了我吧,这会儿我在生病哪。"

"那你住在哪里?"

"这恐怕不太方便吧。"我倒过身子,试图用脚趾头去勾那个烟圈,它晃晃悠悠地向上飘去,还没撞上天花板就一下散了。

"没关系。"瞎子坚决地说,"我不方便惯了。"

"唉,我的意思是说——我,我现在很不方便。"

对面顿时沉默下来,只能听见一阵气鼓鼓的喘息声。我窃笑着,握着早已变得湿乎乎的电话听筒又等了一会儿,挂上电话。这瞎子大概是脑子被震坏了。我暗自嘀咕着,闭上眼睛,走到书架前摸索着,抽出一本书。以前,我和我的女友常玩这个游戏。每当遇上什么难题,我们就会用这办法来牵强地预测一番。我睁开眼睛,发现自己手上竟然拿着本托福试题集。这是我的女友留下的,托了一个厨师出身的大块头的福,几个月前她哭哭啼啼地跟着他去了南非。我把书扔进废纸篓,重新闭上眼睛在书架上摸索起来。我摸摸这个又拍拍那个,乐此不疲。

大约过了半个小时,电话又响了起来。是我的同事。他惊慌失措地告诉我,那个瞎子坐在单位门口的台阶上淌眼泪呢,旁边还围了好些看热闹的人。瞎子淌眼泪?这未免太过分了,我说。是,的确太过分了,我的同事附和道。然后,不等我再说什么,他飞快地说,单位上要我无论如何去一躺,赶紧把人弄走。这太过分了,我看着窗外突然阴沉下来的天空,苦笑着说。是啊,电话那头继续附和说,要不,派个车接你过来。

我犹豫不决地走到穿衣镜前,细细端详着。实在太过分了,我摇摇头,暗自嘀咕道。镜子里的我脸色红润,容光焕发，看上去气色实在好得要命。我只好硬着头皮抓起电话，让同事转告瞎子，我这就去他家看现场。

挨了一个多小时，我不情愿地动身去瞎子家。他家离市中心不远，就在一条闹哄哄的窄街上。街口就是工地，工地上简易的施工围墙几乎贴着人行道路牙，使原本拥挤的街巷变得更窄了。我刹住自行车，一只脚撑地，看了看围墙上方静悄悄的塔吊和桩机。不知出于何种考虑，那堵围墙用涂料刷成了可怕的粉红色，在阴沉沉的光线下格外刺眼。围墙对面是一溜店面灰蒙蒙的小饭馆和杂货铺。已经过了午饭时间，几个饭馆伙计正无精打采地收拾着盒饭摊子。他们的围裙一个比一个脏。

我差点骑过了瞎子家。他家的外墙几乎和工地的围墙接在一起，同样是可怕的粉红色，只是颜色更新，更刺眼。门前竖了块招牌：正宗盲人按摩。我支好车，踌躇了片刻，上前按了按门铃。过了好一会儿，瞎子终于面无表情地出现在门口。请进，他微微皱着眉说，今天我有点累，不过没关系。

我跟着他，一声不吭地穿过天井和一个稍嫌杂乱的小厨房。这瞎子是个急性子，在自己家里他走得比正常人还快。出乎我的意料，里面的客堂相当宽敞，收拾得一尘不染，只是光线有些昏暗。有两张按摩床，正对门的柜子上摆着台旧电视和一架带时钟的收音机，旁边是罩着沙发套的长沙发，上面整整齐齐地放着几摞报纸和杂志。我站在屋子中间,有些好奇地看着墙上那几面皱巴巴的锦旗。有面锦旗上夸张地写着:杏林圣手。

"这里,"瞎子拍拍按摩床,趿着鞋走到我跟前,突然"噢"了一声,随即嘿嘿笑了起来。"没想到,你真的来啦。"

我不动声色地原地转了个圈,东张西望了一番,又掀起一道用廉价塑料珠子串起来的门帘,朝最里面的卧室探了探脑袋。"假的。"我说,"你怎么知道来的是我?"

他有些得意地龇牙一笑:"啊,我当然知道了。"

卧室比外面更暗。北面的小窗被邻居家的砖墙堵得严严实实的。这瞎子似乎把家里不值钱的破烂全藏在了卧室里:单人床的床角垫着砖块,依稀能看见床肚里塞着樟木箱,锈迹斑斑的痰盂,几块废木板和一只旧自行车轮胎,床头竟然还挂了把灰蒙蒙的胡琴。我拉了拉灯绳,灯泡是坏的——我忘了,瞎子不用点灯。整间屋子弥漫着一股潮乎乎的怪味。我吸了吸鼻子,迅速缩回脑袋。

"哎,你说的裂缝在哪里?"

"我怎么知道呢?"瞎子不紧不慢地说,"我看不见。"

"奇怪,我也看不见。"我冷冷地挖苦道,"我只看见屋顶修过了,外面的墙也重新粉刷过了——这些你总看见了吧?"

"我看不见。"瞎子傲慢地狡辩道,慢腾腾走到屋角,打开电视机。那台旧电视的色彩已经有些失真了,音量被调得很低，像这间屋子里的很多东西一样显得寒酸和多余。而这寒酸本来是主人竭力想要掩饰的。"我看不见。"他身子前倾，支棱着耳朵，静静听了一会儿，小声咕哝着，"我是个瞎子。"

当然，我皱着眉飞快地说，谁也没否认他是瞎子。"但是，"我说，"但是你不仅是瞎子，而且还是一个骗子——你的房子根本没问题。"

他没有理会我，继续小声地嘀咕着，低着头，慢慢走到按摩床边坐下。就算看得见，又怎么样呢？沉默了半晌，他终于叹了口气，哑着嗓子说。跟着，他似乎突然变得有些伤心起来，说话的声音也微微发颤。他似乎自己戳到了自己的痛处。我厌恶地看着他一会儿耷拉下来，一会儿又急速张开的眼皮。你永远猜不到他脑子里转着哪些稀奇古怪的念头，这就是面对一个瞎子最大的困惑。这简直太过分啦，我暗自思忖着，要是我就这么悄悄走掉，他会怎么样？他或许会像被抽了一鞭那样，冲到外面街上大喊大叫，朝地上吐唾沫。或者，他只是一动不动地待在那里，无声地吧嗒着嘴，因为他早就习惯了这种没人理睬的悲哀，孤零零的黑暗……他当然不会就此罢手。不。说不定，他已经开始筹划下一次上访了——对他这样的瞎子来说，那无异于一次雄心勃勃的"远征"。

"你还想怎么样？"我对他说，"不管怎么样，这家公司已经花了好几千，替你整修了房子。做人不能太贪心。"

"好吧。"他眨巴着湿乎乎的眼皮,抖开床头的一块白布,"躺下。"

我不明就里地后退了一步。不,我不按摩,我没好气地说。来吧,没关系。对你免费。我不想按摩。我下意识地看着他那双肥厚、白皙的手,有些嫌恶地想象着那种令人不快的腻腻的触觉。

"你瞧不起我!"瞎子慢腾腾地说,"就算你帮了我什么忙,也不过是因为你瞧不起我——你瞧不起瞎子。这就是你们这些人身上最大的毛病。"

"身体放松。感觉怎么样?"瞎子俯身,在我背上有节奏地搓揉拿捏着。他的手劲出奇地大,不免有些令人担心。

"呃,很……非常好。"我肉麻地奉承着他的手艺,心里面别别扭扭的。后悔已经来不及了,我只好强迫自己停止各种胡思乱想,听天由命地趴着,把虚弱的腰椎和颈椎交给瞎子的魔爪。

"哎,脖子那儿。对,那儿多按几下。"

瞎子的双手像蝴蝶一样在我背上灵巧地上下翻飞着。没多久,我就无暇再为自己的愚蠢感到恼火了。这瞎子有一双巧手,我想这是老天对他的特别补偿。他的动作忽而轻柔,忽而迅疾,似乎具有某种难以形容的韵律感。我不由得闭上眼睛,舒服得直想叹息。他突然神情诡异地一笑:

"你好像没在发烧。"

这个老家伙太狡猾了。我含含糊糊地应了一声,赶紧把话岔开。"不管你信不信,你的房子真的没问题。"

"你非要这么说,那就没问题吧,"他勉强点点头,说,"我可以相信你。你觉得,我这个家怎么样?"

"不怎么样,"我说,"要是你想听实话的话。"

"唔,这是实话。"他轻声叹了口气。"以前,我是说我年轻的时候,我也这么想……不,我恨透了这个地方。我每天都在琢磨怎么离开这里,一直到我妈临死的那天。你知道,她也看不见。那天,我背着她在屋子里转呀转,她身上轻飘飘的,一点重量都没有。她把房间里每个角落每样东西都仔仔细细地摸了一遍,她摸了又摸,后来就断气了。断气前她对我说:'你要看好这个家,等你爸回来——他一定会回来的'……可我从来没见过我老子。"

"你当然没见过,"我轻哼道,"你这病是先天的,对吧?"

"我生下来没几天,他出门就再也没回来。有人说他偷偷给人算命被抓起来了,也有人说他是看见我这个瞎儿子,彻底绝望了。不管怎么说,我想他是不会回来了。只有我妈妈还觉得,他是在街上迷路了。小时候,晚上她常常会突然叫醒我,让我去看外屋里的动静。'你听见什么声音没有?你听见了吗,是不是你爸回来了?'她总这样说。但是,他再没有回来。也许有一天……唉,谁知道呢?"

他沉默片刻，换了个轻松的口吻："你猜我在这里住了多长时间？喏，从生下来到现在，整整四十七年啦！老话说，破家值万贯。这屋子给我皇宫都不换呢——对我们瞎子来说，哪里都一样，对不对？但是，在皇宫里迷路可不是好玩的。"他自认为幽默地一笑，"再不怎么样，这也是个家，对吧？只要这辈子能太太平平地待在这里，我就心满意足了。"

如果我的同事看见我就这样趴在瞎子家的按摩床上，听他诉说心事，没准会惊讶得怪笑起来。我疑惑地摇摇头，问道："你一个人过吗？"

"啊，我还没有结婚。你知道，我不想再找个瞎子，可别人也都这么想。"说着，他嘿嘿笑了起来。

我扭头看了他一眼。也许，做一个瞎子的幸福之处就在于，他从不会像我这样，对单调的生活产生周期性厌倦和莫名的恐慌。因为他从出生那会儿就明白，单调就是生活的本质。这想法真荒谬，我暗自啐了口唾沫。这也太夸张了。我懒得再想什么，只是感到按摩后有种舒适的困倦感。我穿上鞋，把五十块钱悄悄放在床头。我告诉瞎子，我得走了，单位还有很多工作要做。

"你又在骗我了，"他说，"你明明不喜欢你的工作。"

没人会喜欢这个工作，我笑着说，要是每个人都像他这样烦人的话。

"放心，我不会再来麻烦你了。你知道，我有好几年没走这么远的路了。现在跟以前不一样了，到处是车，好些路我都不知道该怎么走。"

"但是，你知道你的房子没问题，是吧？你从一开始就知道。而且，这件事真的不归我们管。说实话，我现在越来越糊涂了，你心里在想些什么？"

他有些迟疑地搓着手，那张漠然的脸似乎显现出某种热切的神情。"你想不想看看我爸爸的照片？看过照片的人都说他长得很神气。"

这时，随着"吭噔"一声巨响，屋子骤然震颤了一下。工地上又开始打桩了。在沉闷的巨响中，屋顶仿佛要塌下来似的。他有些不知所措地站在屋子中间，仿佛这声音已经钻进了他体内，工地上的气锤每落下一次，他的身体就不由自主地随着音波震颤一下。我看着他，不知道怎样安慰他，也不知道是不是该告诉他，这里很快就要拆掉了。

他愣怔着，慢慢转过身，嘴唇颤动着。他似乎想对我说些什么，但显然他已经忘了刚才想说什么。

天　边

1

我拎着沉甸甸的相机，缩着脑袋，朝平缓的山坡慢慢走去。这里的慢节奏奇异地契合了海拔、沉闷的冬天以及一次漫无目的的旅行。

我有些漫不经心地按着快门。其实并没有什么好拍的，四周只有草色枯黄、连绵不断的群山。偶尔，有一只出来觅食的土拨鼠窜过挂霜的草根。包车的司机在路上嘀咕，草原上的鼠害闹得越来越凶了。他叫宫保，是索巴的朋友，两只细长的、分得很开的眼睛不时嘲谑地扑闪。他始终闹不明白，我来这里转悠什么。

我把帽子连同手机、挎包都放在了车上。此时，那辆破旧的夏利车就像一只红色的甲虫，远远停在旧鞋带一样灰蒙蒙的路边。沿着这条蜿蜒消失在群山深处的泥石路一直往南，就是省界上的朗木寺——接连几天，这个简陋、清冷的小镇似乎就包裹在藏历新年令人疲倦的喧闹里。

太阳很淡。天边，一朵巨大的云像悬在半空的巨石，几乎一动不动。

2

我是从兰州搭长途车来的。四个多小时的路程，简陋的车厢就像一艘破浪而行的轮船，以固定的角度和频率颠簸着。三年前的夏天，我和过去的女朋友田菲曾在这里待过大半个月。我已经发誓不再提起她，虽然只要瞥见那些瘦削、苗条又长发不羁的背影，我的心依旧会怦怦乱跳。索巴，我们当时的向导，显然误会了一个求偶者近乎绝望的慷慨，把我当成了阔佬。三年来，他像一本不时翻开的旅行纪念册，每隔几个月就抓起电话，结结巴巴地跟我推销虫草、蕨麻、野蘑菇以及各种莫名其妙的玩意儿。两个月前他路过南京，一个劲儿游说我来甘南过藏历年。他似乎真的赚了些钱，在朗木寺开起了一家青年旅馆。

我不介意旧地重游，如果这可以从一个侧面证明我的健忘。恰好这时，公司过年前最后一笔非洲订单也收到了尾款。这些零敲碎打的小生意大多拜田菲所赐，如今她嫁了个货真价实的阔佬，在开普敦过得如鱼得水。不止一次，我在越洋电话里自嘲，这年头连丧葬费都开始分期付款了。我清楚她这么做的用意。我们都太了解对方,太容易彼此伤害了。我打算过完年就把公司关掉,直到心脏被厚厚的新脂肪包裹得严严实实。

我多少有些高估了索巴的精明。充其量,他的青年旅馆不过是一家有着七八间大通铺的车马店。房间里又寒酸又阴暗,低矮的炕上铺着深褐色的条纹床单,棉被又硬又重,散发着一股汗味。没有电视,没有网线,就连店里唯一的厨师兼服务员,索巴的远亲,也回乡下过年了。晚上只要一过八点,整座小镇就安静得像只漆黑的空箱子。每天醒来,面对索巴讨好似的端上的早餐,我都抑制不住一阵懊恼和后悔。

我站在院子里,跺着脚,越过栅墙、电线和一条结冰的溪流,眺望远处雾气弥漫的草原。绵延的群山似乎把单调一直延续到天边。比想象的好多了,我对索巴说。作为眼下旅馆里唯一的住客,这么说并非完全虚伪。

再过些天,到晒佛节的时候就热闹了。索巴把掰碎的牛粪扔进炉子,搓着手走到门边,安慰说。

我可不是来凑什么热闹的。我心里嘀咕着,但懒得再解释什么。索巴不像每天来旅馆趴活儿的宫保,他的想法就像山上的石头一样简单。宫保比索巴年轻,是个机灵鬼,但像当地搞旅游的藏人一样有些浮夸,做事懒散。索巴告诉我,他跑出租赚的钱全部花在了酒和女人身上。那不很好吗?我说。不知为什么,一看到索巴脸上那副不无痛惜的表情,我就忍不住想奚落几句。

藏历除夕晚上,索巴带我去宫保家串门。他家是四兄弟,一大家子正推推搡搡地凑在炉子边看电视。我问宫保,你妹妹呢?他疑惑地摇摇头。

有嘛,我用帽子兜着不停塞过来的糖果、香烟和糌粑。昨天在饭店上都看见了,就在你的后面。

哦,你这汉人里的坏种。他端着青稞酒狂笑起来,亲热地捏着我的肩胛骨。

索巴找了些事给我做,无非是设计招贴呀整理吧台呀用捣得稀巴烂的西红柿熬酱呀,每桩活计都比让我一个人待着更无聊。我猜都是宫保的馊点子。有一次,索巴甚至拉着我们,一起鼓捣储藏间里的柴油发电机。而那台锈迹斑斑的二手货似乎从未转动过。

大多数时间,我就挨着取暖用的铸铁炉,一边烤火一边发呆。炉子安在旅馆前厅,几张桌子和长条椅拼凑出一个简陋的咖啡厅兼餐室。勤快的索巴也整日在那里忙活。他贪便宜买的煤掺多了煤矸石和水,烧起来全是烟,他就整天抱怨街上那个卖炉子的是个骗子。

每天傍晚,我去朗木寺坑坑洼洼的街道里瞎逛。那里有一间只提供西餐的酒吧,几个徒步旅行者正无精打采地坐在桌边,用盘子里的剩骨头逗狗玩;还有一家回族人开的餐馆,他们做的包子看上去精巧极了,却令人绝望地裹着一泡热滚滚的羊油。铁匠铺老板坐在那副旧马鞍上，长得像还俗的喇嘛。他嘴里总是一刻不停地嚼着什么，反刍似的，然后往地上啐唾沫。我出神地端详着那些色泽黯淡的马镫、马辔头和藏刀，不由想起上次在草原上差点买下的那匹小马。那时我根本不懂那些喜欢做白日梦的女人在想些什么。

我发现了一家门面很小、只有两个咖啡座的旅游纪念品商店。货架上方的音响里，塞萨莉亚·埃维拉浑厚、忧伤的歌声就像久违了的乡音。店主叫珍珠——我没问过这是不是她的真名——披着褐色藏袍，有着倔强的嘴巴颏和一头浓密翻卷的长发。索巴说她可能是武汉人，来这里有一年多了。她很少化妆，颧骨上已经有了两块明显的高原红，走起路来像小猫一样轻手轻脚。她习惯坐在窗台边，一声不吭地忙活她那些串珠手镯耳环之类的小玩意。店里暖洋洋的，炉子烧得很旺，我半躺在沙发上，叼着烟，懒洋洋地上网，常常坐着坐着就打起瞌睡来。

有时，珍珠也会捧杯茶，来桌子对面坐下，低着头，神情又疲惫又冷淡，从我烟盒里掏出烟点上。她做的羊肉面片非常美味，话又很少，这让人觉得舒服。没几天，我就把一日三餐放在了她店里。

你看上她了？宫保挤着眼，用肩膀撞撞我。

你说呢，我不置可否。

有不少她这样的，不知道打哪来，也不知道什么时候就突然不见了。

嗯嗯，我心不在焉地点点头。我当然知道是怎么回事啦，那些白日梦女孩。

3

大约下午四点钟光景，光线开始慢慢转暗。直到这时，我才发现自己已经在薄雪消融的草原上走了这么远。四周依然是绵延不断、平缓起伏的群山，那种曲线很容易让人联想起内衣广告上完美的臀部，因此也让人更绝望。我喘息着，尽可能快地朝最近的坡顶走去。

远处，一座孤零零的土坯房冒着炊烟。

没等我走近，有个模糊的人影就在房前晃动起来。一个骨骼粗大的藏族女人，扎着头巾，裹着深蓝色旧藏袍，在低矮的灰泥墙前又蹦又跳，冲我拼命摆手。我迟疑了片刻，绕过拴在门前木桩上的牧羊犬，朝她走去。

别过去了，她说。她的汉话非常生硬。不能过去。那边的人凶着呢，上个月就有个收货的外乡人被捅死了。

我想回公路那边去。

你快进来。她丢下干草叉，非常突兀地抓住我。她的手力气大得出奇，又冷又硬，粗得像砂纸。

院子里有些杂乱，封冻的泥巴地布满脚印。紧挨着三间正房和半截墙的厕所,搭着一个堆干草和牛粪的棚屋。几匹马在围栏里换蹄,不时喷着响鼻。我几乎被连拉带拽地拖进了里屋。

去炕上坐,喝茶。

我来问个路,车还在公路那边等着。不行,我说,啊呀。

喏,不远,就在那边边。她毫不在意地挥了挥手,像是驱赶停在鼻尖上的苍蝇。你先休息下,我马上带你去。

我忐忑不安地扫视屋内。借助一扇开向院子的窄窗,勉强能分辨出门边颜色暗淡的壁橱,壁橱里的碗碟什物、塑料相框和一个雕刻精美的小佛龛。角落里,摞着几只旧木箱。一只磕凹的水壶在炉子上咝咝响着。

一阵短而急促的忙碌后,她变戏法似的把一碗酥油茶端到了炕桌上。随后,一块掰开的糌粑带着浓重的奶腥味,迅速塞住了我嗓子。

你男人呢?

不在,他出去了。她在衣摆上擦擦手,坐到炉边的马扎上,两只手夹进并拢的膝盖,身子来回轻晃着。我猜她不到三十——她那张黧黑发亮、眼角皱纹明显的脸,让人很难判断出实际年龄——很奇怪,她瞥视的眼神似乎非常柔和,可一旦抬起头来,就顿时变得锐利起来。

哦,他什么时候回来?

他去找朋友玩,不回来了。

我把相机挂到胸前，半个屁股搭在炕沿上，搜肠刮肚地回忆着那些难辨真伪的藏区传闻。她这是在暗示什么吗？她的眼睛直勾勾看着我，像是等着碗里的毒药发作。我心里开始打鼓。我可不想在这里留下点什么，哪怕半粒干萎的种子。不管怎么说，这是一趟计划中的遗忘之旅，就像最谨慎的逃亡者，用树枝扫掉身后雪地里的脚印。我站起来，走到门边壁柜前，假装端详相框里的照片。

你男人很年轻，嗯，我说。我操。

照片有些皱，上面的男人年轻得让人吃惊。留着稀疏的髭须，脸上还稚气未脱——与其说是男人，不如说还是只刚发育的小公鸡——他穿着灰色的袍子，踩着木屐，靠在一座房子的门廊里。一扇亮闪闪的落地窗折射着庭院里的雪松和喷泉。

那个是我的弟弟。他离开尼泊尔快三年了。

她拿起旁边一帧小小的黑白照片，带着荷叶形花边的那种，背后还用铅笔写着些七扭八拐的蚯蚓文。那是他们在尼泊尔的家，她和她那个弟弟，簇拥在二十多个亲戚中间，人多得几乎看不清他们的脸。脚下白色的砾石路把他们的肤色衬得很深。

尼泊尔？我说，我知道，很远。

她垂下眼睛。像天边那样远，她说。

难怪。我松了口气，不知怎么的，又有一点点失望，似乎本来真有什么见鬼的奇遇等着自己。

你可以，她指指我胸前晃荡的相机，可以帮我拍张照片吗？

她想让我帮她拍张照片，寄给远在日本的弟弟。唯一的弟弟。她想告诉他，她在这里过得很好。和他在日本一样好。当然，我摘掉镜头盖。她跳了起来，毫不害羞地笑着，露出湿乎乎的牙龈，两只手绞着，一副欢天喜地的样子。

她要先去换件衣服，一件大红色的新藏袍，我猜大概是她的结婚礼服。对她这样孤零零待在偏僻草原上的女人，照相肯定是件大事。我连着抽了两支烟。窗外，那朵巨大的铅云已经沉入了微暗的地平线。我看着她飞快地奔进跑出，翻箱倒柜，直到头上、手上、腰上、脖子上都挂满沉甸甸的珠串和佩饰。

这里，在这里。她掀起门帘，急切地把我拉进卧室。里面同样光线幽暗，混杂着酥油和烧牛粪的气息。塞满了衣物的大橱敞开着，旁边立着电扇，橱顶堆满了电视、收音机和高压锅之类的电器。一把靠背椅已经端端正正地放在衣橱前，椅背上挂着一只沾了泥浆的摩托车头盔。我皱着眉，拉了拉灯绳，一只从椽子上吊下来的白炽灯像瘪了的气球，发出惨淡的亮光。

我瞄了眼取景器，电视和灯泡微弱的光在她脸上闪烁。我知道这是白费劲。闪光灯的强光里，除了一张黧黑油亮、颧骨很宽的脸，这些可怜的道具，她幸福生活的证据，无疑将隐没在背后那片难以辨认的黑暗中。我把快门按得飞快，拍了一张又一张。

光线太暗了，我耸了耸肩。不知道能不能洗出来。

现在，天已经暗得只能依稀看见院子里一截灰泥墙的轮廓了。我缩着脑袋，在堂屋门口踌躇着，等她换回旧衣服。她没有。只是摘了身上那些乱七八糟的佩饰。我又一次被拉回炕边，而一大碗充满感激的酸奶已经在桌上等着。

刚做的，新鲜的。她说着，不断用小勺子往碗里加糖，多得几乎堆成了小山。要放糖，你们不习惯我们的酸奶，很多很多。

太晚了，司机一定急坏了。我说，啊呀呀，真是，你这女人。

她用手背拍了拍嘴，咯咯笑着跑了出去。没多久她回来了，牵着马，已经备好了马鞍和马镫。

外面又黑又冷。几颗孤星在天边微弱地眨闪，很快就消失在一团团浓重的雾霭里。这些弥漫的湿雾就像裹满了刺的渔网，在草原上慢慢集聚，扩散。我在颠簸的马背上瑟瑟发抖，隔几分钟就不得不交换冻得麻木的手，以便确认自己还挽着缰绳。四周一片寂静。只有黑色的马头均匀地起伏，似乎融入了周围起伏的群山。有一阵子，她似乎突然消失在白茫茫的雾气里，只能听见嗒嗒的马蹄声，不知道是我的还是她的。

哎，哎，我看不见你。我的声带似乎被冻住了，叫喊里带着颤音。

马会跟着的，黑暗里传来她咯咯的笑声。

不知翻过几座山岗，好不容易来到了公路上。远处，两束雪亮的汽车灯柱就像搜救船，掠过巨浪般起伏的扇形草原。宫保哈着手，早已等在了车门边。不知什么时候索巴也来了，正半躺在副驾驶座上打电话，搁在方向盘上的脚丫一晃一晃的。

哎呀，呀，他跳下车说，连手机掉在地上都忘了捡。他们俩目瞪口呆地看着这个盛装的尼泊尔女人。她利索地跳下马，什么话都没说，只是没有表情地挽起缰绳，朝我挥了挥手，带着马慢慢消失在黑暗中。

后来在回去的路上，有很长一段时间索巴和宫保都一声不吭，看我的眼神活像看一个疯子。

4

离晒佛节还有一个多星期，索巴就开始到处采购面粉、羊肉、酥油和牛奶。啤酒和廉价青稞酒在柜台下面堆得满满的。那几大桶牛奶是宫保开车从草原上拉回来的。煤也送来了一车，卸在后院的棚屋里。

有点像样了，我打着哈欠，对索巴说。你那厨师呢，也该回来了吧?

那小子,就算来了也指望不上,懒得像母猪。他没说为什么是母猪,只是愁眉苦脸地把酥油拌进青稞面,两只黑乎乎的脏手在铁皮桶里搓捏不停。

你还是别弄了,我说。我的口水都快流下来了。

我不知道他在瞎忙活什么。至少街上还是和平日一样,冷冷清清的,没有一丝熙熙攘攘的节庆迹象。偶尔有一两个背包客,跨过路面上的尿坑和脏水,来旅馆门口探探脑袋,又嘀嘀咕咕地走开了。

啊,瞧这些人,脑袋里装的都是什么呀,索巴气呼呼地说。

别傻了。宫保趴在柜台上,用车钥匙胡乱划着冰冷油腻的台面。你这里就像你的炒面一样,干巴巴的。他一脸不屑地说,这里没有一点女人的气味。

天寒地冻的,谁也没生意可做。经常一整天下来,珍珠的小店只有我一个客人。她煮的咖啡似乎变淡了。她在夏天旅游季赚的钱可能刚刚够把日子维持下去。当然,我猜她本来也没指望更多。冬天使这里的生活节奏变得更慢了。每次续杯,我都发现时间才刚刚过去了小一会儿。我等着珍珠坐过来聊点什么,随便什么。她还是坐在窗台边,一副冷淡落寞的样子,她常常忘了手上的针线活,望着雪后泥泞的街道发呆。不知什么时候,她细细的手腕上突然多了两个红肿的水泡。

这是怎么啦？我说。别瞎搞。

没什么，无聊烫着玩。

她飞快地抽回手，把脸别了过去。我知道，她那些白日梦也差不多到头了。就像在一条穿过荒漠的平坦公路上，人们多半会停下车，走进路边寂寥、简陋的加油站歇歇脚，互相寒暄几句。现在，她又该重新上路了。田菲和我分手前就是这种状态，不过她没珍珠这么极端。她不会伤害自己。最多冲我扔几个盘子过来，然后抱着靠垫缩在沙发里哭，任由大滴大滴的眼泪把眼影和睫毛膏冲得稀里哗啦。

索巴成天忙得脚不沾地。他总这样，直到极其认真地把所有的事情都弄得一团糟。没等他把那些可怕的糌粑做完，家里就来电话，说他老婆肚子疼了，在地上直打滚。索巴搓着手，不知道该表现出兴奋还是沮丧。眼看没几天就是晒佛节，却不得不撂下旅馆，急赤火燎跑回迭部乡下，他多少有些不甘心。

这婆娘，都下三次崽了，还这么折腾。

磨蹭什么呢，就你这点生意，我说。你最好还是替那些牦牛啊羊啊还有那几间破房子多操点心吧，将来怕是不够分的。

索巴嘿嘿笑了起来。他在老家有几十头羊。它们比我会下多了，他说。

索巴一走，旅馆里更冷清了。我懒得理会他的左叮咛右嘱咐，早早歇了业，翻出一副破烂的旧扑克玩接龙，直到大门被宫保捶得咚咚响。他包了些羊肉,来找我喝酒。这家伙酒量大得惊人,喝了两瓶青稞酒不算,又灌了一堆啤酒。我扶着门,看他的车歪歪扭扭拐出院子,蹲下来吐了一地。

半夜冻醒时,我发现自己睡在餐室的长条凳上,头疼欲裂,心跳得像要从胸腔里蹦出来。我上一次喝醉是半年前,那时还没和田菲分手。她皱着眉把我弄进浴缸,然后躲到厨房,继续压低了声音打电话。不知为什么,我浑身软得动不了,血管突突直跳,却清晰地听见了她轻咬舌尖发出的每一个音节。我以为自己早忘了那些像刀子一样剐人的话,这会儿又全都想起来了。

天刚蒙蒙亮,外面就变得喧闹起来。我揉着铁青的脸凑近窗口,藏民们从四面八方涌进了镇子。他们的摩托车上溅满了泥浆和草叶,妻儿老小就挤在狭窄的后座上,穿着花花绿绿的新袍子,脸被寒风吹得黑里透红。还有不少人来自更偏僻的草原,骑着马,腰间挂着佩刀。那些乌黑或赤褐色的骏马在狭窄的巷道里边走边拉,尾巴不停地甩啊甩的。我站了好一会儿,没看见那个穿红袍的尼泊尔女人。只有几个不知从哪冒出来的摄影师在窗前跑来跑去,兴奋得顾不上擦挂下来的清水鼻涕。我去珍珠店里吃午饭的时候,里面居然也坐了一大桌藏族人,围着桌子叽叽咕咕说笑着。两个盛装的年轻女人笑嘻嘻的,不时站起来,抓起相机对我拍个不停。

饭吃了一半,宫保就跑来喊我回去。旅馆里已经涌进了一大群牧民，他们把马拴在院子里的栅栏上，掀起门帘，把沉重的鞍鞯放在地上。没一会儿工夫，所有房间里都住满了人。我不得不腾出铺位，搬到柜台背后索巴住的小屋。这些人大多不会说汉话，只是憨憨笑着，一遍遍比画，要吃饭，要酒。他们的马要水和草料。他们天不亮就出发，在路上走了半天，现在累坏了。我把索巴做的糌粑倒在盆里，一股脑端上桌，又忙不迭地打电话让宫保去找羊肉和草料。结果他磨蹭半天，竟然从家里牵了头羊来。

我左支右绌，竭力招架这单让索巴等了大半个冬天的大买卖，最后不得不央求珍珠关店过来帮忙。她人还没到，就有两个藏民抬来了一大筐土豆，一个个都洗得干干净净的。直到我结完账，珍珠才提着一篮子绿菜，喘息着跑进门。她那裹得严严实实的小身子里，似乎藏了使不完的劲。我本想在厨房帮她打打下手，洗洗菜刷刷锅，结果发现完全插不上手。她弄完手抓羊肉和面片，还陪那些粗嘎的草原汉子喝了好几杯。她会说一些藏语，每次只要她一落座，那几个在桌子底下玩耍的脏孩子就会停止打闹，去她腿上爬来爬去。宫保说得没错，有了女人的忙碌，这座简陋的小旅馆总算像那么回事了。我看见她安静地坐在他们中间，微微低着头，神情有些羞涩，好像周围这些人在为她开生日派对。

她端着空盘子，穿过人群走来。我问她，跟那些人都说了些什么。

他们不相信我是汉人,还说我长得像绿度母。像吗,我?她酒喝得有些急,绯红的脸几乎凑到了我的鼻尖。

绿度母长什么样?算这里的生育神吗?

去!她跑开了。你这汉人,不老实。

晚饭前宫保开着车,带着最小的弟弟过来了。进门没多久,他们就忘了来帮忙这回事,一屁股坐上酒桌,很快就和那些牧民混得烂熟。他们互相拍拍打打,不时捧着肚子狂笑,还不停地要酒,说话声吵闹声几乎能掀翻屋顶。后来,有个醉醺醺的汉子竟然摇摇摆摆爬上桌子,高声唱起歌来。

我实在太困了,趴在柜台上哈欠连连,后来不知不觉打了个盹。醒来时,台面流了一摊涎水,旁边还扔了些钱。屋子里杯盘狼藉,空无一人。珍珠抱着店里的音响,掀起门帘走了进来,微微喘息着。

他们想跳锅庄,她有些喜滋滋地说。

太夸张了,我揉着眼睛。你们还嫌这里乱得不够啊。

她有些嗔怪地瞥了我一眼,蹲在门边摆弄接线板。院子里闹哄哄的,挤了不少人。那些马已经被牵到围栅外。院子中间架着不知从哪找来的劈柴。我看见宫保趴在地上,用力吹着干牛粪。他的一只手仍紧紧抓着酒瓶。没过多久,音乐就像赶羊人手里的鞭子,把更多的人从街上赶了进来。我扶着门框,看着他们额角沁着汗,两只宽大的袖子缠在腰上,围成一圈,又喊又跳的。宫保大概又喝多了,脚步蹒跚,始终黏着一个笑起来眉毛弯弯的女孩,还不时把瓶子里的青稞酒洒向火堆。

你不跳吗,珍珠在旁边说。火光在她脸上一闪一闪。

我在裤子上蹭了蹭油腻腻的手,努努嘴。我说,下午那些马粪铲了没有?

她看了我一眼,蓦地沉下脸,那神情很难说是扫兴还是厌倦,随后又恢复了平静。我去收拾桌子。

这姑娘可真是个倔脾气。别呀,我说。一起去。

走到熊熊的篝火跟前,我才发现,正对草原的围栅已经被拆下了一小截。

我操,我嘀咕道。这会儿要是索巴在,肯定会疯掉的。

5

宫保瞪圆了眼睛。明明就是嘛,他说,他们结婚还是我开的车呢。他看上去真的有些生气了,把酒碗重重顿在桌上。

你这人!她就是疯子。不信去打听下,就连玛曲那边的人都知道这个疯女人。

那个尼泊尔女人,来这里有十个年头了。当年,这可是一笔价值不菲的大买卖。她是跟着一个古董贩子从四川那边过来的,在夏河那边转悠了很多天。那些年甘南随处可见下乡收文物的骗子和无赖,他们只消拉上一车军大衣,就能从草原上换回无数老唐卡、旧铜器、佛像以及各种年代久远的旧物。

她很出名，宫保说，我是说她刚嫁人那会儿，非常年轻，也很腼腆。那时她还不会说汉话，见到人只会嘻嘻直笑。

那后来又怎么啦？我揉着脸。我又喝多了，脑袋晕晕的，脚边堆了好些空酒瓶。桌上纸包里还剩了些羊肉，冰冷而油腻。

她弟弟没了。喏，就是那个在日本的小弟弟，去海里游泳，淹死了。宫保舌头有点大，说话颠三倒四的。

她假装什么事情都没发生，那女人。有一年多时间，她每天都骑着马过来，去邮局给弟弟寄信，还有大大小小的包裹。她大声斥骂上门送退信的邮差，非但放狗去咬，有次还拿刀子扎了人家的车胎。她那些按原址退回的信和包裹，几乎在邮局堆成了小山。刚开始人们还不知道她脑子坏了，还以为她只是有些悲伤过度。直到有天她大喊大叫，执意要把一桶酸奶寄到日本。她每天骑着马，发疯似的跑来跑去，结果连肚子里的孩子都跑掉了。就这么，她那个男人再也受不了啦，跳上摩托车，连夜跑玛曲那边去了。

嗯，没人受得了，我强忍着胃里翻涌的呕吐感，呻吟道。不管心肠再硬，谁也挨不住这种晴天霹雳。

宫保摇晃着走到门边，他显然把我的话搞岔了，大着舌头说，我有次在玛曲见过他，扛着一个两三岁的小男孩，乐滋滋地过来打招呼。他又找了个新女朋友,据说家里很有钱,他正做着那家的上门女婿呢。

他的车钥匙哆嗦半天,没对上锁眼。他妈的,他突然没头没脑地哼了一声,用力拉上车门。

6

我累坏了。抽着烟,低头坐在炉子前。窗外,月光照着无边的草原。院子里的篝火已经熄灭,马站着进入了梦乡。隔着松木板壁,房间里偶尔传来叽里咕噜的醉话,和女人们隐约的笑声。最后离开的是宫保,被弟弟扛在肩上,两只手仍在空中乱舞。不知什么时候,他额头上鼓了一个大包。

珍珠从厨房回来,熄了柜台和过道的灯,在我旁边坐下。她从藏袍里摸出酒瓶,冲我晃了晃,里面还剩了些酒。

我摇摇头,说,头疼,我再也不想碰这玩意了。

她仰脸喝了一口。一个人的时候我也不喝。

我们还是没什么话说。她只是低着头,脚尖轻踢炉子,嘴里下意识地哼着什么。微暗的炉光映照下,我几乎能看见她光洁的额头上细细的皱纹。一绺长发从她发卡里滑落下来。

芬芳小姐,我知道这歌。我铲了些煤,加进炉膛。我过去的女朋友不管做饭还是洗衣服,在家总放个没完。

她抿起嘴,凝视着咝咝响的水壶,好像蒸腾的水汽里藏着一面透镜,折射出雪后泥泞的街道。我忽然感到说不出的厌烦,为她藏袍里裹得严严实实的过去,也为这些天来不停纠缠自己的回忆。我拿过她的酒瓶,喝了一口。她一定觉得我这举动奇怪极了。

哎,当初我真该把那唱片扔了,我说。后来,她就这么跑非洲去了。

就这么?她笑了。

就这么。跟电视上那些斑马似的,一旦撒开了丫子,豹子都撵不上。

外面黑黢黢的山岗上,突然传来一声凄厉的狼嗥。我有些尴尬地瞥了她一眼。她强忍着笑,嘴唇边绽开的两个弧形逐渐加深。几乎同时,我们大笑起来。

她放下空酒瓶,站起来慢条斯理地整了整衣服。我想起那个拆掉的栅栏,心里始终有些不踏实。我去看看那些马,我说。顺便送你一段。我抓起手电,替她掀起门帘。

我操,我说。我完全傻眼了。院子里银光浮动,一轮巨大的圆月一动不动地悬在银白色的草原上空。天上没有一朵云。就连绵延到天边的草原上也看不见一丝雾霭。只有平缓的风从一条银线似的地平线上吹来,突然加速,飞快地掠过月球上微暗的月海和月谷。我敢说,我从没见过这么大又这么纯净的月亮,比一整座朗木寺还要大。我发誓。

珍珠向前跨了半步,"呀"了一声,似乎也被眼前这一幕搞糟了。我不太确定接下来的一秒发生了什么。手电筒的光晕里，那些马在睡梦中更紧地挨在一起。还有她被风扬起的长发，那么慢地拂过我的脸颊。当她掉过头，我已经吻在了她的脖颈上。藏袍毛领下的皮肤很光滑，带着年轻女孩特有的灼热。她轻喘着，突然用力抱住了我。

即使后来，在索巴嘎吱作响的单人床上，她两只手仍然紧紧抱着我不放。宽大的藏袍下，她的身体很瘦，单薄得像十五岁的小女孩。还有始终抿得紧紧的嘴唇，也像初次约会的女孩那样。她急促的呼吸里带着一股酒后特有的酸气。当我进入，她的瞳仁骤然收缩，用力咬住了我的肩膀。她在哭。不出声地，眼泪止不住。

没事吧？我说。你放松。

我想停下来，幸好我还有点常识。我知道这事做得太冒失了。我已经做了太多的蠢事。她摇了摇头，只是把脸掉到了一边，两只手更紧地抓住我胳膊。楼上房间里，有个孩子被梦魇住了，竭尽全力地哭喊着。她裸露的肩膀和胳膊一片冰凉，身子却烫得像一团火。

打我，她突然哑着嗓子说。用力扇我耳光。

你？我愣怔地看着她。我操，我不是……

她开始不停亲我，笨手笨脚的。那你骂我吧，就把我当你的前女友。她喷在我脖子上的呼吸又热又湿，像脱缰的母马一样粗重。我彻底虚脱了。

我在凌晨醒来，一时忘了自己在哪里。珍珠沉沉睡着，背朝我，身体蜷成一团。我光着身子，摸黑走到椅子跟前，从搭在椅背上的衣服口袋里掏出烟。打火机颤动的火苗映照下，一个年过三十的男人在旧衣橱镜子里哆嗦着，活像一只剪了毛的羊，看上去又羞耻又悲伤。我有几个月没沾过女人了，这太不正常了。也许，我早该摸出手机，拨打那个熟悉的号码，冲对面大吼一声：操你妈的，操你的非洲。珍珠翻了个身，依然躬着背，脸上似乎还有泪痕。我看着她，心里一阵抽搐，一股酸味涌上喉咙。我掐灭烟，很快就睡着了。

醒来已经中午。我一个人，脑袋晕乎乎的，太阳穴突突直跳。旅馆里很安静，就像没有人来过，什么都没有发生过。我挨个察看客房，每间屋子都已经收拾过了，床单已经换好，那些马鞍也整齐地放在门边。厨房里，一大锅羊肉面片散发着余温。

我端着面碗，眯着眼，蹲在门口的台阶上。远处传来阵阵嘹亮的号角声。晒佛台那边，一张巨大的佛像已经在向阳的山坡上缓缓铺开。密密麻麻的人群簇拥着那些经幢、罗伞和法器，像蚂蚁在搬运过冬的粮食。所有人都在那里，宫保和他那一大家子、那些牧民、穿红袍的尼泊尔女人，还有珍珠。我似乎能看见她那熟悉的身影，仍旧被藏袍裹得严严实实的，又小又臃肿。中午明亮的阳光照着他们被祝福的脸。

不知为什么，我突然感到一阵发慌，心里异常的空虚。

7

索巴进门的时候,我和宫保正弯着腰修理栅栏。我们呵着手,用钳子把几捆粗铅丝费劲地绞断,再缠到新补的木桩上。昨晚下了场小雪,院子里非常泥泞,没多久鞋帮和裤管上就沾满了泥浆。索巴扔掉肩上冻得硬邦邦的羊腿,一惊一乍地跑过来。怎么啦怎么啦?他嘟囔着。他老婆又生了个女娃,这使他的神情有些沮丧。

烂了,你这些木桩子,宫保一脸怪笑。像你那些虫牙,彻底烂掉了。

他们两个就像两只闲得无聊的公鸡,后来在饭桌上还是斗个没完。索巴说不过宫保,就不停拿他额头上的大包做文章。你这骚骚的牦牛,鸡巴都长到头上了。索巴得意地晃着脑袋,他从汽车站过来的路上,就听说了让宫保丢尽脸面的那一跤。那天晚上,宫保一直缠着那个眉毛弯弯的草原女孩,又拉又拽的,好不容易跟她钻进了房间,不想女孩的哥哥赶来,从后面一把抓住他的腰带,像拎小鸡似的扔了出来。

宫保毫不在意地撇撇嘴,往地上啐了口唾沫。哦,蠢家伙,你就吊死在婆娘腰带上吧。宫保想提那个女孩,我和索巴各怀心事,懒得接他的话茬。他的粗俗里有种可爱的率真,但谁都不想淹死在他滔滔不绝的屁股和大腿里。

晚饭是索巴做的,他的手艺似乎比回乡下前还要糟糕。

手抓羊肉咸得像打翻了盐钵，面片汤又糊成了一锅粥。随便拉头牦牛来，都比你煮得好，宫保哼哼道，不怀好意地扫了我一眼。

我已经有几天没有看见珍珠了。那些牧民离开后，我像往常一样去她店里吃晚饭，发现门上落着锁，挂着"暂停营业"的牌子。第二天还是。我明白过来，她是成心躲着我呢。这个心思郁结的女孩，还真有股子牛犊般的犟劲，我暗自嘀咕着。也许在此之前，她从未屈从这种偶然的冲动。她还不知道该如何收拾令人尴尬的残局。虽然对于我，那个迷乱的夜晚到早晨就消融殆尽了，即使还有些痕迹，也几乎淡得可以忽略不计。然而，傍晚在街上游荡时，我却不由自主地开始搜寻起她来。我希望瞥见她熟悉的背影，吃力地拖着进货用的大背囊，从长途车上下来，冲我若无其事地笑笑，打个招呼。

我不知道她平时住哪里。甚至连她的真名都不知道。我们有限的交谈从不涉及商店以外的生活——就算知道，又能怎么样呢？我们沉重的行李箱里，除了草草安顿的过去，除了陌生人对陌生人的微笑，似乎不可能再容纳别的什么了。但我还是让索巴抽空帮忙打听她的行踪。我希望在临走前跟她见个面，简单聊上几句，不管为了聊表谢意，还是为了一次看似无谓的告别。这种见面就像对同一张底片的二次曝光，借助某种模糊的叠印效果，记忆的蓄存得以彻底清空。

宫保拉我跑了趟夏河,那里有一家差强人意的数码冲洗店。仅仅过了一天,他就把洗好的照片顺路带回来了。跟我估计的一样,照片放大后颗粒很粗,那些努力拼凑起来的道具全都隐没在黑暗的背景里——除了那个盛装的尼泊尔女人。照片上,她有些忸怩地抿嘴笑着,眼睛里闪烁着异样的虹彩。

不知怎的,她那种毫不做作的忸怩在我看来非常自然,自然得就像一个真正的疯子。我把照片插进附赠的小相册,托宫保替我送去。他嘟囔半天,最后还是有些不情愿地去了。

8

我跟索巴过去的时候,珍珠的商店橱窗里已经贴上了新的招租启事。两条邋遢的狗在台阶上互相撕咬着。一个在附近摆摊的小贩告诉索巴,昨天中午她回来过一次。我趴在门上,隔着门帘缝隙望去,那些耳环、手镯和布包已经不见了。几只昏暗的货架就像撤掉了布景的空荡荡的舞台。一架看不见的电话机在空屋子里响了起来,持续了很长时间。我关掉手机,在小店门口坐下来抽了支烟。

索巴去街对面买了几只酥饼,青稞面做的,兜在塑料袋里晃荡着。

真冷，索巴缩着脖子说。要她的手机号码吗，我知道房东住哪。他啃着油酥饼，碎屑掉了一地，惹得那两只打架的狗围着他脚边直打转转。

不用，我没想干什么。我突然觉得有种说不出来的沮丧，既为珍珠，也为我自己。也许我们谁也逃不出这些俗套，不是这一个，就是那一个。

就是嘛，那女孩太瘦了，看上去苦得很，运气不会太好。

我看着索巴。他闭嘴不说了。

晚上，索巴和宫保硬把我拉去街上那家回族餐馆，说是要为我送行。坐下没一会儿，那个眉毛弯弯的草原女孩就走了进来，羞涩地笑着，挨着宫保坐下。索巴惊讶地大张着嘴，几乎能塞进去一整只藏包。他又是嘀咕，又是叹息。这些当地男女间常见的勾搭，每次都超出了他的理解范围。

你小子，他愤愤地说，故意四下张望着。也不怕她哥哥拿刀子阉了你。

那个女孩不懂汉话，宫保就把索巴的话翻译成藏语。她捧着脸，咯咯笑了起来，露出两颗门牙中间黑色的细缝。

餐馆里闹哄哄的。宫保和索巴开始互相揭对方的老底，咕噜咕噜的藏语说得飞快，听着就像一串催眠的经文。而我苦着脸，看着笼屉里难以下咽的藏包，里面那泡滚烫的羊油似乎在暗示我和这里有限的缘分。

啊呀，索巴突然一拍大腿，还差点忘了。他从口袋里掏出一张皱巴巴的纸片，旅馆的留言条，上面写着一个手机号码。

这女孩，上面有哥哥吗？我无可奈何地苦笑着。

哦，你这坏家伙，到底得手了没有？

是啊，我说。把纸条团成一团，扔到地上。又没人拽我的腰带。

你真的？

宫保哈哈大笑着，餐馆里像滚过一串小小的雷鸣。他搂着那个眉毛弯弯的女孩，一直摇啊摇的。跟着，我们也都笑了起来。

打赌吗？他明天会在临夏下车，说不定那姑娘就在汽车站等着呢。宫保得意地朝索巴晃着下巴。

珍珠是搭去临夏的长途车离开的。开车的司机家就在朗木寺，跟宫保很熟悉。她拖着两只沉甸甸的大旅行包，头发剪短了，染成了红色。

看上去精神得很，宫保跟我转述司机的原话，这话让他乐了半天。从你这么个傻瓜身边跑开，人家高兴着哪。

红头发吗？我吃了一惊，有些将信将疑。

就是嘛，跟顶着朵鸡冠花一样。

我点点头，仿佛看见珍珠倚着车窗，托着腮，出神地看着窗外。坑坑洼洼的公路两边，一排排去年新栽的杨树就像纠缠不清的过去，被迅速甩在身后。对了，还有那头耀眼的红头发，她即将开始的新生活。她已经脱掉了藏袍，换上来时的外套和长靴，戴着自己做的耳坠和项链。她一上车就掏出手机，拔出SIM卡，把手伸出窗外，等着一个意外的夜晚从指缝里飘走。我咧着嘴笑了，想到自己就像一副泻药，让她一扫平日的阴郁，重新变得神清气爽起来。

你说得没错，我对宫保说。她那样的女孩，不管到哪都不需要别人操心。

9

回去的登山包变得异常沉重，里面塞满了索巴和宫保送的干果和牦牛肉。我不得不在地上拖着，下楼来到餐室。早晨的阳光透过窗户，把划痕累累的桌面照得亮堂堂的。宫保趁着天晴正在院子里洗车，等着送我最后一程。柜台背后，索巴自娱似的吧嗒着嘴，擦着盘子。

我揉着脸，在桌前坐下，等着索巴送来这里的最后一顿早餐。一杯牛奶，一碗糊糟糟的面片，一小碟糌粑。另外，我让索巴弄杯咖啡来。宫保去夏河取照片的时候，我让他顺便捎了只电烤箱。前天趁索巴进货，我又给旅馆买了些高筋粉、速溶咖啡、黄油、奶酪，还有一堆西餐调味料。好在我总算可以摆脱索巴佝着背，唉声叹气弄出来的那些玩意儿了。

要是田菲有电话来，你就跟她说我来过了，还搞上个蛮不错的小妞。我看着他扣进炖碗里的脏指甲，摇摇头说，你这家伙可真舍得啊,非洲长途,啧啧。

索巴缩缩脑袋,浑身一激灵,露出一副你怎么会知道的表情。

这是什么?我困惑地看着他拎在手里的小铁皮桶,里面盛满了莹白、稠厚的酸奶,足足有 5 公升之多。

喏,那个疯女人送来的,一大早,放在台阶上就走了。索巴挠着头,好像这个早晨有太多他无法理解的事情。

我用食指伸到桶里蘸了蘸,有些迟疑地,用舌尖飞快舔了一下。我上次来是在夏天,去街上和酒吧转悠的时候,我喝了不少土酸奶。但这次截然不同:一股浓浓的酸味瞬间刺穿了我的味蕾和牙根,直透脑门。酸得让人浑身瘫软。

孤单的时候跳个舞

电话铃响时,我正在沙发上看电视。这台笨重的老式电视是老皮送我的,陪他打发过无数个宿醉未消的夜晚。他掸掉落灰,裹上旧床单,用自行车一路推过来,就像对我重回单身汉生活的忠告。别跟自己过不去,哥们,他说。至少拿它看个球赛什么的。过去我很少有时间看电视,如今回家就躺进沙发。除了球赛我还看连续剧,碰到广告就不断换台。

电话铃声在凌晨显得突兀、刺耳。我趿着鞋,疑惑地看着漆黑的小过道。在方格砖、朽烂的木门、洗衣机和衣帽钩上的雨伞之间,有只隐藏的门铃持续响着——我以为有人在按门铃。这还是头一回。来找我的哥们习惯在楼道里大呼小叫的,隔两道门都能听见他们的嚷嚷。

去年冬天我离了婚,从家里搬出来,在拉萨路租了套一居室。离婚前后折腾了一年多,我感到筋疲力尽,只想过段相对隔绝的生活。一个安静的兔子洞。我没把电话号码告诉那帮狐朋狗友。他们七嘴八舌的,说起话来都很轻巧。完了，不知道会有多少女孩要遭殃。或者是，你总算做对了一件事。有些事情只有自己受着，没人能替你分担。但冬天那会儿每天都有人约我吃饭，打台球或是泡吧。你一个人待着，就很难拒绝那些好意。

搬家以后，我给苏州父母家去过一个电话。他们越老越固执，为我伤透了心，说我让他们在亲戚朋友面前蒙羞，还让我在过上正常生活前，别再折磨他们。就像我是他们实验失败，弄出来的怪胎似的。就这样，两个多月下来，我甚至忘了房间里还有电话。

电话愈加急促地响着，带着一丝恼火。我看着抽屉柜上方的挂钟，已经快十一点了。通常这时候，不管谁的电话都不会有什么好事。但我还是走进卧室，从床头柜下扒拉出电话机。那是台老掉牙的脉冲电话，蒙着一层灰垢。

喂，我说。对面没人说话，只有嘶啦嘶啦的电流声。我晃了晃听筒，又喊了一声，喂，找谁？

艾米莉。请问，艾米莉在吗？过了好一会儿，有个家伙说。南方口音的普通话，又含糊又有些结巴，像害着牙疼。

你打错了。

对不起，我想请艾米莉接电话。

喂，你打错了！

没错，就这个号码。请艾米莉……

我挂断电话，看着自己脏兮兮的右手，把电话踢回床头柜下。没等我走出卧室，电话铃又响了。很多人受不了别人摔电话，觉得是种莫大的冒犯。这也是我宁愿忍受老皮酒后的滔滔废话，也不会先挂电话的原因。他在保险公司当培训师，经常在讲台上冲着应聘的推销员咆哮，为了让他们日后笑对无数个耳光。他不停抱怨那份恶心的工作，但那份工作给了他一所大房子，长着娃娃脸的老婆，年底还要帮他换辆沃尔沃轿车。

我去厨房洗手，把电视音量调大。电话断了，随后又发疯似的响个不停。这类脑子缺根弦的家伙像受过老皮的魔鬼训练，能把人活活逼疯。我猜那家伙喝多了。酒精会让大脑瞬间短路。最近我也经常喝多，但我喝多了只想睡觉。

电话铃不依不饶地响着，被深夜放大了一倍。我跳下沙发，光脚跑进卧室，操起电话吼道，我操，你有完没完？

电话对面沉默着，只能听见呼哧呼哧的喘息声。我挂掉电话，拔掉电话线。然后点了支烟，和衣躺在床上。那种只剩喘气的沉默让我想起离婚前的状态。那时我和前妻把所有的话都说完了，每天在房间里不出声地走动，吃饭。我们假装什么都没有发生。早晨在床上醒来，背对着背，静听楼下嘈杂的车流、狗叫和便利店门口投币电动木马的喧闹。现在我知道沉默不但伤人，有时还更凶险。它杀死心里最后那点希望。

二楼的抽水马桶又堵塞了。隔着楼板，传来捣弄水箱的声音。那个从牙买加来留学的黑哥们有个敦实的大屁股，每次下水道里的响动都让人觉得，他把自己也冲了下来。我抓起床头柜上的催眠书，东野圭吾的《白夜行》。这些推理小说全是大头借给我的。有的段落下面还画了线，做了记号。我们混大学那会儿，他从没这么认真过。这个做音像生意的哥们有三样爱好：女孩、黑胶唱片和推理小说。除了黑胶，另外两样他都乐意跟朋友分享。

大头给我介绍了好几个女孩，都是在酒吧或他店里搭上的。他的音像店就在上海路那边，介于两所大学之间。去他那里淘碟的大学女孩都很年轻，头脑简单，说起话来非常大胆。有天下午在咖啡馆，一个脸上还有婴儿肥的女孩大谈颜射和性虐，就跟课堂上讨论《源氏物语》似的，听得我们俩目瞪口呆。

我看了一会儿小说就觉得饿了。冰箱里除了一盒牛奶和半瓶果酱，什么都没剩下。我懒得出门去超市，就把牛奶倒进果酱，拿勺子胡乱搅拌几下吃了。

这座单元楼建于上世纪七十年代，过去是胸科医院的宿舍楼。楼里住着不少步履蹒跚的老医生，却比一般楼房更破落，更邋遢。我住底楼最西边，房门正对一个黏腻、湿滑的小过道，把邻居气味难闻的厨房隔在北边。而过道尽头还有一扇油漆剥落的公用木门。这种奇怪的格局使我每次出门都多了层烦恼。

邻居姓高，是一个快八十的老鳏夫。老高个子很高，佝着背，就像一只剥了壳的大虾。这个退休的肛肠科大夫满口淮扬土话，成天猫在小厨房里，不是弄些黑乎乎的吃食，就是像猩猩一样耸着肩膀，嘴里啊啊着，像是突然忘了自己身在何处。我怀疑他待在那儿，就为了等我出门，然后拉住我衣角，说上一堆完全不着边的屁话。唠里唠叨，又滔滔不绝。几十年的人生就浪费在屁眼上，一定把他憋坏了。

老高几乎半聋了。除非拎着他耳朵大喊，不然根本没法交谈。我想他压根不关心别人说什么。他只想随便逮上个人，在咽上最后一口气前拼命地说上几句。因为每当我打着手势，表示有急事要出门，他的神情就愈加急切，说话语速就愈快，直至变成一串类似小动物的、完全听不懂的呜呜声。

除了臭烘烘的大门，前院也是个徒增烦恼的地方。院子在设计上似乎也是两家公用的，仅仅用碎砖砌了道齐腰高的隔墙。但一道矮墙岂能阻挡一个老人家火山喷发般的絮语。就像中了邪似的，不管我去晾衣服，收拾楼上扔下来的垃圾，还是喂野猫，他总会迅速出现在墙那边，扒着墙头，跟我唠叨个没完。

老高是生活对我的教育。对我这种心灰意冷又天生怠懒的人，生活只好用一个又聋又邋遢的老家伙来展示它的神奇。我不得不躲着他走。只要不赶时间，我会趁老高看电视时飞快溜出门去——不用在门口偷听,他音量调到最大的电视会把房间变成一面大鼓。生活还教育我说,这里没个女孩就太浪费了。不管什么时候,你都可以这样鼓励床伴:放声大叫吧,邻居全是聋子。人这东西真的很无聊,再怎么运乖时蹇照样色心不改。但我离婚没多久,还在恢复元气,对女人提不起什么兴致。

傍晚我去给枇杷树剪枝,老高端着只烟熏火燎的小奶锅,又一次推门走了出来。呵呵,在忙呢,他说。这棵树有多少年没剪了,你看那些乱枝到处窜的。哎,你要不要梯子?

那棵枇杷树的枝丫很密,把光线挡了大半。搞得晾衣绳上的衣服总粘细小的毛毛,还有股阴干的臭味。我骑在围墙上,冲他摆了摆剪刀。这一带的楼房全建在陡地上。围墙内外的落差有十多米,护坡又直又陡,看着有些瘆人。老高嘀咕说,前年夏天几个小男孩翻墙来摘枇杷,一个摔断了腿,躺在院里哭爹喊娘的。

那后来呢?

那棵树还是小王妈妈种的,二十多年啦,老高说。他双手搭着隔墙,似乎随时想爬过来。有人说种枇杷树不吉利,她就犯了倔脾气。这棵树头一年开花的时候,她还折了几枝带到医院,插到休息室花瓶里。

啧啧,你好像动过她心思?我说。

三楼传来嗤的一声。那家的老太婆在阳台上撇撇嘴,阴沉地扫了我一眼，又耷拉下眼皮，看着围墙外的病房楼。她很不好惹，对任何人都有种莫名其妙的轻蔑。不管送奶工、邮差还是收破烂的，听见她尖利的谩骂就会屁滚尿流。唯一能治她的是每天傍晚出现的清洁工，那是个更厉害的泼妇，推着垃圾车，威胁说要把大便糊她嘴上。

我把剪刀扔到花坛上，攀着树枝跳下围墙。老高尴尬地缩了缩脑袋，看着手背上淡褐色的老人斑。他甩着手，假装在院子里做起操来。没过多久，又回到矮墙跟前。

你来电话了，他说。

我掸了掸衣服，扫着满地的碎枝落叶。这会儿只能听见他的电视像机关枪扫过整个院落：无数人在战场上像木偶一样冲啊杀的，有人在高呼卫生员，卫生员！对不起哟连长，我心里说，这里只有一个肛肠科大夫。

哎哎，你的电话响。

摊上这么个又啰唆又疯癫的大夫，很难想象他的病人们过去是怎么熬过来的。我撂下扫把，无奈地走进卧室。见鬼，电话真的在响。

喂，找谁？我说。

没有人说话。不用说，还是那天打电话的家伙。但电视实在太吵了，我不得不拿手捂住另一只耳朵。咔的一声，他什么也没有说就挂掉了电话。有点意思了，我听着嘟嘟忙音，想道。这么说，还真有个艾米莉哪。

过去有些家伙喜欢干那种事，夜里乱拨电话，碰上女的就开始说下流话。老皮说他们有个推销员就这样，一边荤话乱喷，一边还褪下裤子打手枪。他说得咬牙切齿，就跟那哥们是他最不成器的学员似的。保险公司后来开除了这个和电话做爱的最佳员工，让我和大头遗憾了半天。那会儿大头还在电台做音乐节目，还打算请那哥们去做嘉宾呢。他认为跟下半夜打电话点歌的那些疯子比，那哥们要正常得多。

　　我拉了拉灯绳，启辉器老化了，日光灯不停跳闪着。这段时间我总猫在房间里，就又回到了一年前的状态，脑袋里不时冒出一串串空虚的泡泡。那时候我有妻子，还有个胖乎乎的情人，像玻璃柜下刚出炉的面包。现在她们的样子已经变得模糊。从家里搬出来的时候，我一张照片都没带，这让前妻觉得我冷酷。她认为我离婚是因为不想认错。当然，那是个错误。但真要深究的话，有时人活着就是个错误。

　　大头说，嗑药后的幻觉和恋爱差不多。开始搞得人飘飘欲仙，似乎随时能飞起来，最后却被结结实实按在地上，直到烂泥从每个脚趾缝里冒上来。我再也不信那套温情的把戏了。冷漠才是这个世界通行无阻的语言，这是很多天来，我躺沙发上得出的结论。因为总有无数可怜虫，孤独得要命，却不知道究竟该从哪里逃跑。他们只好成为对着电脑屏幕打手枪的下流坯，半夜打电话的神经病，或者坐在床边发呆的男人。唯一无法忍受的是，那个坐着发呆的男人是我。

我看着跳闪的灯光，感觉自己像待在一间囚室里。我掏出手机，挨个给哥们打电话，约他们饭后在台球馆见面。先吃点壮阳药，我对他们说。今晚我要霸台，杀得他们片甲不留。

房租是按季支付的。没过几天，矮胖的房东，一家小化工厂的销售员推门走了进来。哈着手，老于世故的小眼睛滴溜溜乱转，一副生怕别人弄坏了他那些破家当的表情。他的破烂大部分被我塞进了储藏室，换上了老皮他们淘汰的电器和旧家具。

房东腋下夹着个黑色小包，一屁股坐在我旁边，假模假式寒暄着。他自己不抽烟，却从上衣口袋掏出盒皱巴巴的云烟，不停催我点上。荒诞无处不在。要是一年前有人告诉我，有天晚上会沦落到一张破沙发里，跟这么个浑身懒肉、满脸晦气的家伙像对猪奶头似的挤在一起，我肯定觉得自己穿越了。

我眯拢眼睛，从铁皮罐里抽出一卷钱，数了一叠扔在茶几上。房租每月一千五。这里年久失修，一楼又潮湿阴暗，采光不足，加上房间里蟑螂出没，所以租金还算公道。我还有些积蓄，够挥霍到年底的。至于往后，一个单身汉不需要想那么远。

电视里，主持人在念本地新闻，秃脑门油亮亮的。我去了趟厕所，回来发现房东把鞋脱了，盘着腿，津津有味看起了电视。他拿手指着屏幕，扭头冲我嘿嘿笑着。当初来看房时，我的光头曾吓了他一跳。他做房东有些年头了，非常谨慎，习惯租给附近的女学生。女孩爱干净，麻烦事也少，他说。直到签约他还嘟囔个没完，似乎把房子租给我这样的男人，是他这辈子的一次冒险。

他拍拍脑袋，假装突然想起什么，从包里掏出一叠皱巴巴的纸片，逐张平摊在茶几上。是他代缴的账单：这是电费，煤气费，这是半年的有线电视费，还有水费，电话费。我接过话费单，就想起那个电话来，问他上一个房客是不是叫艾米莉。

艾米莉？他有些疑惑地看了我一眼。

对，有电话找过她。

老外吗？不可能。那女孩是南师大的，浙江人。他朝天花板努努嘴，说，我没楼上那么呆，又是登记又是交税的。

我把烟头扔在瓷砖地上，用鞋底碾了碾。这动作让他不自在了。他把眼睛错开，假装继续看电视，却把脚悄悄套进了皮鞋。

长什么样，我说那女孩？

瘦瘦的，有时戴个黑框眼镜，没什么特别的。他摸出圆珠笔和一本小学生用的练习簿，伏下身写收据。就租了半年多，还老跟三楼的老太闹意见，你说奇怪不奇怪？他撕下收据递给我，走到门边，又不以为意地撇撇嘴，说，现在的小女孩,谁知道呢。

艾米莉,我思忖着,大概是英文名或网名吧。这会儿没准就有上千个叫艾米莉的女孩,正把网上的傻鸟们弄得神魂颠倒。我听见房东被蹲守半天的老高一把揪住,在门外说着什么,说话声大得像在吵架。我躺回沙发,抓起遥控器飞快换台。没过多久,房东又折了回来,站在窗外,手指轻敲窗玻璃。

我刚才想起来,那女孩留了个话,说要是有她的信或者包裹什么的,帮忙处理一下。

我哦了一声,不知道他说的处理是什么意思。是暂时保管或转交,还是干脆塞进垃圾桶——要是转寄的话,总得有个地址什么的吧。没等我问清楚,房东就爬上电动车,一溜烟没了影。日光灯透过木窗,照着后院那堵墙头砌了碎玻璃的灰墙。我看着自己投在水泥地上的影子,窝窝囊囊的,看上去既猥琐又古怪。打电话的家伙大概也差不多吧。一个人落魄了,周围就迅速冒出一堆倒霉蛋,真不知道是讽刺还是安慰。

我翻出钥匙,去楼道开信箱。信箱是用厚铁皮焊的,锈迹斑斑,上面用白漆刷着门牌号。信箱里塞满了超市广告,免费体检的假传单,还有牙签和口香糖之类的垃圾。有三封信。两封是打印的商业信函。另外一封是寄给艾米莉的,带红蓝斜边的航空信,邮票上盖着上海的戳。这要是封情书,真有点遗物的意思呢。

如今只有我妈那样的才跑邮局。她也只在我打算辞职或离婚时写信。我能想象她趴在收拾过的餐桌上，戴上老花镜，郑重其事地写上七八页废话。而我爸则拉长了脸看报，不屑于她的无用功。她总想要我心软，改变主意。可她做了几十年教师，习惯了那种教谕或训诫的口吻。读了她那种信只能让人铁下心来。

我捏着那封信，假装它是自己等了几个月的求职通知，对老高扬了扬。我小跑着回到房间，把它连同钥匙一起扔进了抽屉。

我想那家伙还会打电话来。酒鬼们醒来时习惯抓起离自己最近的酒瓶，但在男女关系中，距离却会像酒母一样让人如痴如醉。何况那些每分钟都想开屏的骚孔雀——那家伙怎么可能挨得住呢。通常在肥皂剧结尾，最不缺的就是疯狂。

每天晚上我心不在焉地看电视，等着电话响起。喂，你这鸟人磨蹭什么呢，我自言自语道。别充什么硬汉了。我在屋子里不停转圈，而楼上的黑哥们正在女孩们的啊啊声里疯狂冲刺。我对着穿衣镜抠鼻孔。你太无聊。太让人失望了。我在马桶上捧着总也读不完的推理小说，哼哼道。你他妈的简直无聊透顶。

一个多星期过去了，我没等到电话，却收到了上海来的快递包裹。是两大袋沉甸甸的猫粮。那玩意像一堆泥巴搓的药片，闻起来有股腥味。我倒了半袋在枇杷树下，想给院子里的那只野猫尝点鲜，结果却招来了一群，搞得三楼老太婆不停来找我碴儿。后来我把剩下的那些扔进了垃圾箱。

在沙发上躺到快要浑身长霉，我就穿过五台山体育公园，去上海路找大头。他正在店里和几个师范大学的女孩调情。四月天还没有彻底回暖，女孩们已经穿起了短裙和长靴。音像店开张那会儿，大头还在混电台，还没有搭上那帮嚼摇头丸的小太妹。那段时间他越玩越嗨，直到有一天把自己变成了直播间的爬虫，看着飘上天花板的灵魂傻笑不已。

我这帮狐朋狗友或多或少有些不正常。大头嗑过药，老皮酗酒，长腿是个运动狂。而歪脖自从在期货上赔个精光，就成了末日论的信徒，整日戴着口罩，对餐桌上的一切疑神疑鬼。丢掉工作以后，大头说他再也不想碰那些玩意了。但我怀疑他还会时不时抽点叶子，因为他堆货的小仓库始终气味难闻，混合着塑料封套味和大麻的烟气。

我从挎包里拿出他的推理小说。我习惯临睡前拿它们催眠，经常忍不住跳到最后几页。这让大头非常生气，说我是那种只读第一章的男人。这就是你离婚的原因，他说。你太缺乏耐心了。我离婚那会儿，他可不是这么鼓劲的。那会儿他已经被老婆从家里赶出来，每天拖个箱子在朋友家沙发上辗转。忍耐是个坏习惯，他对我说。如果明天就是世界末日,你会怎么做?

他说的没错。假如明天是世界末日,那些看起来正常的家伙就会发疯,去杀人放火,会突然离婚或结婚,还有人会去做那些本来只能烂在心底的恶心事。那时我们这种怪胎会显得非常正常,围坐在一起,开瓶好酒,互相举杯致意。这才是最疯狂最无耻的逻辑:谁都不相信自己会在明天死去。

我闹离婚时就这么想的。我只想一个人过自己盲目的、轻浮的余生。喏,我习惯了大言不惭,活像个冒牌货,心情郁结又思绪万千。

大头把我拽到一边。哎,那边,穿绿毛衣那个怎么样?他说,是你喜欢的。

哦,见鬼,我说。

那女孩戴着白色耳塞,摇头晃脑的。看上去就像个高中生,胸脯小小的,髋骨都没完全长开。我的朋友里只有长腿算有钱人,他有时会带我们去那种会员俱乐部。里面尽是些抽雪茄或烟斗的家伙,装模作样晃着红酒杯,袖口露出迪拜买的名表。那帮老变态特别喜欢青涩的小女孩,听见喊爸爸就站起来派小费。

那是个小精灵,每个周末在意大利餐厅拉琴。大头叼着烟,在身上乱摸打火机。对了,老皮老婆刚来过。

她来干什么?

太夸张了,大头说,她那架势像是要杀人。

娃娃脸是来替老皮还债的。她抱着肩走进音像店，黑着脸也不说话，在原地转了一圈，把装钱的纸袋用力摔在收银台上。娃娃脸对我们这帮子有些成见。这方面她倒和我前妻惺惺相惜。那次老皮送电视，她还让他带话，说我不会有什么好结果。我觉得那更像是对老皮的警告。

怎么回事？

老皮，大头摇着头，说，真受不了。

我站在货架前，手指在一排排盗版碟上扫过。没有比这些虹彩熠熠的光碟更像迷幻药的了。它们包罗万象，从南方的地下工厂源源不断生产出来，就为了让人们在单调乏味的生活里稍稍透上几口气。不用说，里面一定有个死气沉沉的故事是有关我们的。每个人都活在俗套里，不会有什么新东西。

我去超市买了些鸡蛋和香肠。超市在拉萨路的坡底。那个丁字路口有两家专科医院，一些门面简陋的小商店，还有两个卖馄饨面条的路边摊。半夜我常去那里吃东西，和刚下班的妓女、赌徒、出租车司机围坐在邋遢的小桌边。那种荒凉景致里有非常人性的部分，每个人都把自己的孤单视为理所当然。

心情好的时候我会做乱炖。洗口大锅，把买来的母鸡、鲫鱼、筒子骨、青菜和笋子蘑菇什么的一股脑扔进去。炖菜要花很多心思煮。我经常在厨房待上几小时，撇掉浮沫，看汤锅一点点沸腾。有时干脆把椅子搬到灶边，边煮边吃。一锅炖菜在冬天能对付一个星期。但天气回暖后，我吃得最多的还是方便面和速冻水饺，闻到调料包的气味就开始反胃。

你能从一个人如何吃饭看出他的生活态度。过去生活安逸，我的胃被撑大了很多。我觉得，完全可以把它缩回到乒乓球大小，喂几片饼干半个苹果就感到满足。接连几天我哪儿都不想去。大把时间就用来发呆，或是躺着看电视，像只老猫时睡时醒，直到胃病又突然发作，肚子疼得像裹了一团针。

我在沙发里蜷着腿，额角冷汗直冒。而电话又突然响了起来。铃声在傍晚的喧闹里显得格外微弱，最后变成了小声哀求。第四遍铃响时，我龇着牙跑进卧室，按下免提键。像前两次一样，那家伙有些紧张，沉默着，让人不由屏住呼吸。隔了好一会儿，我觉得起码有半分钟，传来他拖泥带水的声音，带着微微颤抖。

艾米莉，是我。他似乎被憋住了，长吁口气，又停顿了片刻。你最近好吗？我给你打过好几次电话。

我爬上床，脸朝下趴着，拉过枕头垫着肚子。窗外，灰丝绒般的夜晚已经笼罩了院子。那只野猫也回到枇杷树下，不时喵叫几声。这个角度能看见墙外胸科医院的住院大楼，灯火通明，又阒无人迹。老高在隔壁踢踢踏踏走着，嘴里啊啊的，如同放风的囚犯。傍晚是单元楼最热闹的时刻，如果没有吵闹打架和小孩的尖叫，模糊的电视声就会把整幢楼变成一只嗡嗡的蜂箱。

我只想听听你的声音，电话里说。没别的，听见你的声音，我就安心了。

大头听了肯定会气歪嘴。半夜点歌的那些疯子都喜欢这么开头，像在练歌房唱流行歌。无非是些俗不可耐的情感困扰。人们总想通过下半身来解决自己生活里的毒瘤——难以启齿的物欲，贫贱以及贪婪。我拉开抽屉，翻找着胃药。

艾米莉，说话啊……我知道你在听，艾米莉！昨晚我又梦见你了。半年了，你已经忘记了吗？可你还在我梦里，一直在。留着长头发，你对我那样笑，歪着头，艾米莉……你都忘记了吗？我从不敢奢望再见到你。可你知道，我每天盼着能再看见你。喂，你在听吗，艾米莉？

我晃着药瓶，去客厅倒水。有人在外面咚咚捶门。是老皮，一边用拳头捶，一边大喊大叫，搞得门框两边的裂缝直掉墙粉。老高缩着头，满脸惊惶地站在门边，像震颤的音叉。我拉开门，竖起食指放在嘴上。老皮看上去已经喝了不少，脑门淌着热汗，头发也乱蓬蓬的，像要找什么人拼命。等我把他在沙发上安顿下来，那家伙在电话里已经成了愤怒的斗鸡。

艾米莉，你说话呀！他大喊着，你在听吗？说话呀！艾米莉。我做错了什么？我只想听听你的声音……你真的忘了吗？难道你现在真的连半个字都不想对我说了吗？

那是谁？老皮走到卧室门口，问。说话像只呱呱呱的鸭子。

嘘，打错的。你听，这家伙肯定听过你的课。

老皮把脑袋凑近电话。听了没一会儿，他突然大叫起来。操你！白痴，他吼道。操你妈的！狗屎，娘娘腔，你去死吧！电话咔嗒一声挂断了，一串嘟嘟忙音。但老皮依然唾沫横飞，骂个不停。

疯了！你像是咬断链条刚跑出来的。我看着他嘴角的唾沫，摇摇头，按掉免提键。你该去脑科医院看医生。

我是快疯了，哥们。他扯下领带，把西装扔在床上。我看见他腋窝下汗湿了一大块。这衣服就是给疯子穿的，他说。等我死了，我宁愿一丝不挂地躺在殡仪馆的铁床上。

只要情绪激动，老皮就喜欢放狠话。他非常朴实，却煞费苦心地表明自己比任何人都更凶狠。仿佛那是一瓶够劲的陈酿，能让人气血上涌，神采焕发。

但你不会发疯。就算我们都成了疯子，你还是不会，我说。因为你生来就重心低，你有个大肚子。

老皮想洗个澡。但我的煤气热水器坏了，点火就会爆燃。他骂骂咧咧地去洗涤槽里冲了头，对着镜子使劲拍脸，想让自己清醒一点。后来我听他拿脑袋咚咚撞着水管。只要几杯酒下肚，老皮就不太像一个正常人，说话做事常常吓人一跳。这么多年来我已经习惯了。

他在讲台上越是沉稳谨慎，条理分明，就越需要不时放纵一下，经常在饭局上把自己灌得烂醉。然后，他会打我的手机。一个极其漫长的电话，伴随各种狗屁不通的忧虑、咒骂和痛哭流涕，让打电话的和听电话的都显得非常卑鄙。那时候他就成了另一个老高。你可以把手机悄悄搁下，去做一组俯卧撑，回来再接着听。他没有一次发现我这么干。

你知道，我最大的梦想是什么吗？他说，竖起一根手指在半空绕着圈。就是这样一间破屋子，没别的！没有老婆孩子，没有贷款，再不用每天面对那些脑子进水的白痴……自由！哥们，你可能不知道，你就生活在我的梦想里。

我倒出几粒药片，和着唾沫干咽下去。你赌球输了多少？我问。

大头告诉我老皮的事以前，我就觉得他迟早会出岔子。因为只有他会为了几张险单，和长腿生意圈里的那群恶棍打得火热。我不止一次见识过他们在会员俱乐部的演出，表面装傻，私下里却不停互相算计。就这样，眼看着轮胎、车架和发动机从储蓄卡上逐渐消失，他想了几年的沃尔沃就有些刹不住了。现在我知道，他那些漫长的电话只是为了排遣输球的苦涩。

老皮从包里取出一个皱巴巴的大信封，扔在茶几上。里面装着娃娃脸替他赎回的借据，有长腿的，有大头的，还有公司同事的。至少他还没沦落到跟我开口的地步。我这么安慰他，替他感到侥幸，但又有点不痛快。老皮阴沉着脸，只是看着那信封，就像打算把这些小小的悔恨装裱起来。不用说，即使再好的哥们，也不会乐意掉到我所在的穷光蛋方阵里。我觉得就是那些借条，让我们之间有了隔阂。要是命运也有盘口，老皮一定会毫不犹豫在我的霉运上押注，赚个盆满钵满。

我去厨房里下挂面，切了截香肠，又打了两个鸡蛋，等锅里的清水煮沸。老皮走过来问我要了只旧搪瓷盆。我听见他拉开卧室的铁皮门，去了院子。

胃还是隐隐作痛，难过得要死。那种难受有点像失恋、丢工作或别的什么倒霉事，只能咬紧牙关忍着，直到溃烂的伤口结成硬痂。面锅漫溢前，我就这么胡思乱想着。我想我宁愿胃疼，也不要过老皮那种分裂的生活。

刚吃几口面，房门又被敲得咚咚响。三楼的老太婆斜着眼睛站在门口，因为下楼而累得直喘。她瘪着嘴，干瘦的脸颊气得通红。老高站在后面，耸着肩，嘴里咿咿呀呀说着些什么。

想烧房子吗？啊？刚晾出来的衣服，太过分了。她很傲慢，说话时下巴抬得高高的，好像我也是被她扯着脑袋胳膊弄到世上来的似的。她不屑地把脸转向老高。你说说看，这都是什么世道？我们这幢楼当初多好啊，怎么现在尽住些乱七八糟的人。

这老太婆喜欢在阳台晾滴水的拖把,也是朝楼下扔烂番茄和破袜子最来劲的一个。我猜她常对老高家的电视感到怒不可遏。但她年老力衰,又笨手笨脚的,那些垃圾就多半落到我这边的院里。

我已经逐渐习惯了走廊里的昏暗,门前的臭气,雨天弥漫不散的霉味,还有老高窒息般的梦魇,现在又轮到了这张皱纹密布、摘了假牙的脸。老人真是种丑陋的动物。不知怎的,眼前这个老太婆总让我想起我妈。她们自私自利,又逆来顺受。大半辈子就生活在一条别人铺好的窄轨铁路上,不能容忍任何出格的想法。现在她们开始感到惊惶不安,发现自己被遗弃在一个陌生的站台上,周围充满了各种无法理解的可怕事情。

我用力摔上门。老太婆气坏了,开始大喊大叫,临走前在门上不甘心地踢了几脚。

我接了杯水,走到阳台上。老皮正蹲在搪瓷盆边,拿着根小树枝慢腾腾拨火。那些大大小小的借条蜷曲着,冒出一股青烟,搞得他眼泪汪汪的。这种蠢事几个月前我也做过,但我只是把从家里带来的过期情书撕碎了,冲进下水道。那次抽水马桶堵了三天,惹得房东大为光火。

外面已经彻底暗了下来。一些细小的灰烬在空中飘荡着,搞得鼻孔发痒。老高扶着门框,呆呆地看着这边。灯光从他身后投在砖墙上，泼出一大片模糊的虚影。我不出声地看着老皮，他头顶那块头发也日渐稀疏，就快遮不住头皮了。他把树枝丢进脸盆，扭头看着我。我觉得他是想撂句狠话出来，但这次他想了半天，什么话都说不出来。这让我们都有些尴尬。我拍了拍他的肩膀，把水杯放在栏杆上。

楼上的闹钟突然响了起来。那个牙买加哥们的作息似乎比我还要混乱。铃声急促，像胸科医院那边偶尔传来的救护车警报，在沉闷滞重的黑暗里搅动着。我想起抽屉里的航空信。傍晚发生的一切让人意兴阑珊。我没有拆封，就拿着它折回院子，让老皮顺便烧掉。

我们在酒吧里，等大头关了店过来会合。老皮闷着头，只是一杯接一杯要酒。最近他天天和我们泡在一起，有时一直待到酒吧打烊。这场景似曾相识。因为除了把半年前的我换成满脸丧气的老皮，似乎一切都没有变化。这半年让我明白，不管什么样的悲伤，都会慢慢变淡，变得可以忍受。人这东西有多么脆弱就有多么健忘。我告诉老皮，其实他需要的只是时间。

老皮趴在吧台上，朝酒杯里喷了口烟。吧台旁边有台电视正在播德甲联赛，拜仁慕尼黑对斯图加特。电视机被弄成了静音，穿着红白球衣的球员们在屏幕上无声地奔跑着，慢镜重播时就像一群奇怪的疯子。即使在酒吧，老皮依然烦躁不安。他戒了几年烟，又开始问我要烟抽。我和大头已经两次抬他回家，每次都累得要虚脱。我不想他喝醉，再把喝下去的啤酒连同满肚子苦水一起倒出来，就拉他去旁边打台球。

台球桌在酒吧角落里，毡面有些松了，库边也早就失去了弹性。我用三角框摆好球，拿粉块小心擦着皮头，等老皮弯下身子开球。

你知道兔子洞的故事吗？我说，有个叫艾米莉的小女孩做了个奇怪的梦。

倒锥形的子球堆被母球啪的一声炸开了。老皮抬起头，疑惑地看着我。不对吧？他说，我怎么记得好像是叫……忘了，反正不叫艾米莉。

操，我说。推杆轻了，一只花球慢悠悠地滚动着，停在了袋口。名字无所谓，我把球杆架在桌边，说。那个小女孩在梦里追一只粉红色眼睛的兔子，最后掉进了一个洞。

爱丽丝！老皮用球杆比画着击球的角度，嗒嗒弹了几下舌头，随后眼神又黯淡下来。爱丽丝漫游仙境，我给女儿念过这故事。他稍作瞄准，把我留给他的花球轻松打入。

对，就是她。最近我总想起这故事，每个人都有可能掉进那么个兔子洞，对吧？每个人。到那时你就会发现，过去那些不得不放弃的，不小心丢掉的或者错过的东西，全都在洞里，原封不动……

老皮微皱着眉，大半个身子伏在台面上。我觉得他有些醉了,拼命呼着气,把毡面上的落灰全吹了起来。接下来的一杆他打偏了。

我看着他,并不急于下杆。可能就在下一秒,你发现自己掉进了洞里,我继续说。你在这里受罪,但另一个你开始跳舞。

大头带着两个女孩,出现在酒吧门口。两个女孩都很年轻,手挽着手,像对姐妹花。其中一个我在大头店里见过,长发垂肩,还穿着那件绿色的编织帽衫。她背后斜挎着只巨大的琴盒,大得能把她整个人都装进去。

哦,高手来了,老皮嘟囔着,他把琴盒看成了装球杆的特制皮袋。

大头对我挤挤眼。两位美女,他说。两个年轻的老男人。

我们好像在哪里见过?绿毛衣放下琴盒,大大方方看着我。她的眼睛很亮,黑漆一样。我叫艾米莉,她说。

每个夜晚，每天早晨

我把剩下的猫粮倒在枇杷树下，攀着门框做了几个引体向上。隔着半人高的矮墙，我看见邻居老高正哼哼唧唧的，猫腰在窗下的塑料盆里洗内裤。那种只有老人会穿的浅蓝色平脚系带内裤，看起来比女孩们的短裙还要宽大。这个老鳏夫大概又把屎拉裤子上了。每逢星期天，他妹妹带着侄女过来帮忙料理家务，总会为这事唠叨上半天。

哦哦，最近没看见你爱人？他又聋又老，神志糊涂，说起话来含糊、急切，就像溺水者徒劳地大张着嘴，在水下发出一串咕噜咕噜的气泡。

我猜他问的是杨青。这问题大概在他肚子里憋了很久，软塌塌的身体随着喉结一耸一耸的。我懒得搭腔，扬了扬装猫粮的空纸盒。猫粮就是杨青留下的。过去几个月，她就像院子里的野猫频繁出没，有时几天不见人影，有时一待就是一星期。我从没邀请过她搬来同住，只是任其来去。但她每过来一次，房间里就会多出一点她的东西。我用装电视机的纸板箱搜集她到处乱扔的衣服和鞋，她的时装杂志和英语参考书，用房东的旧奶锅装她的化妆品和各种零碎，直到她把皮箱、被褥连同折叠自行车一股脑拖了过来。她那些同学都忙着投简历找工作，她却成天猫在沙发里听音乐上网，到了晚上就化身为精力无限的小野猫，在我怀里又抓又挠的，似乎无论如何也要在这里留下几声喵喵轻叫。

清除她那些爪痕，还真让我费了些手脚：梳子上缠绕的头发，牙刷，用剩的指甲油，旧发卡，掉进沙发缝的手套。还有一截磨秃的眉笔，她习惯拿它写留言，在每张便签条下方打上无数代表亲吻的叉叉。刚回上海时，她每天都会打电话或是发短信来。其实也没什么可说的，就问我有没有喂猫，又说它如何可怜之类。我知道她想暗示什么。这些从小就被宠坏的独生女都一个样，满肚子夹缠不清的小心思。她走了半个多月我才发现，抽屉里好几双袜子的袜头被剪掉了一截，像露指手套。

那段时间我晚上在家待不住，就常常跑去上海路一带的酒吧，找些半熟不熟的女孩拼桌聊天。上学那会儿，我和大头他们成天在那里厮混，在路灯杆下撒尿，或是找个漆黑的门洞和女朋友乱亲乱摸。那时我们从不知道什么是孤单，叼着烟四处游荡，哪里人多就往哪里扎。现在那一带仍然保留了过去的喧嚷嘈杂，窄街上污水汩流，小饭店的油烟和烧烤摊呛鼻的烟雾终年不散。那种临时、匆促的气氛对于涉世不深的年轻女孩自有迷人之处，但对于我不过是生活的真相。偶尔在酒吧喝得高兴，我会脱下鞋，把脚搁在桌上，扭动露出的脚趾，跟每个推门走进来的人打招呼。那些混酒吧的女孩就咯咯乱笑，说很可爱。

我去街口的小店买了些方便面和啤酒。六罐装的百威啤酒。我和大头酒量都不大。回来去炉子上烧了一壶水，泡上方便面，边收拾房间边等大头过来。他最近大概又搭上了什么女孩，不然前天不会苦着脸跑来，说要借钱进货。过了这么多年，他还是过去那套泡妞的路数，又是逛街买衣服又是旅游的，像是生怕自己口袋浅，揣不下太多钱。

自从搬进这间寒酸的旧公寓，时间就变慢了。一个人的时候，我除了看看电视，去酒吧坐上一会儿，再就是走路穿过坡顶的五台山体育公园，去大头的音像店里挑些打口CD或盗版碟。大头喜欢把所有碟片在货架上乱堆乱放，指望顾客们扒拉半天，能顺带买走一些卖不动的烂片。赶上生意清淡，他就会拉我蹲在街边抽烟，对过路的女孩们指指戳戳，评头论足一番。没离婚那会儿，我总觉得生活沉闷滞重，琐事成堆，现在有了大把大把的时间要打发，心里却总有种挥之不去的恐慌。

我端着泡面，看着床头柜下响个不停的电话机，不想腾出手接。除了房东，惦记这号码的只有售楼小姐或保险推销员。我习惯把偶尔响起的电话，当成楼上黑哥们的雷鬼音乐。那哥们从牙买加来南京留学，在汉中路上的药科大学学中医。有时在楼道里撞上他，我会竖竖大拇指，跟他说非常棒，鲍勃·马利，最好的雷鬼。他就咧嘴大笑，露出粉红色牙龈。就连这种吃山药长大的穷哥们也能搞到不少女孩，还经常在楼上开周末派对。他倒是下来邀请过我一次，鲍勃·马利，他说着，指指天花板。但我对他泡上的那些女孩不感兴趣。

我对哪个女孩都没太大兴趣，不管是杨青还是之前的几个。大头管这叫离婚后的不应期。他有张厚脸皮，是泡妞的老手。在女人方面他可靠又慷慨，经常会像水果批发商一样，把应接不暇的女孩们胡乱塞给朋友。他很享受男女关系的前奏部分，从暧昧的眼神，言语试探，直到肆无忌惮的挑逗和勾引。没有人读推理小说的时候会随随便便翻到最后一页，他这么对我说，虽然他那些风流事没有一次到最后不搞得鸡飞狗跳的。

大头和我的情况差不多。在前妻把他的衣服和搜集的黑胶唱片从窗口扔出去之前，他算是我们这帮狐朋狗友里活得最滋润的。他始终不明白，前妻可以忍受他在外面拈花惹草，却无法容忍他弄皱她临睡前叠放在椅子上的套装。他是过来人，虽然离婚比我晚，重新租房过单身生活却比我早得多。就这样，哥们，他不停给我鼓劲，你现在这副吊儿郎当、爱理不理的样子,简直太招女孩了。

从家里搬出来没多久,我就明白大头身上那股遮掩不住的骚劲,包括他替我热心张罗的那些女孩,还另有一番含意。就为这个,他宁愿在偏僻的郊区跟人合租,也要掏空所有口袋去买辆二手雪佛兰。这是一个谁都看得见的指标,尤其对我们这种眼看快到四十又混得不怎么样的男人。那些像蝴蝶一样绕着我们飞来飞去的年轻女孩,不仅让其他饱受老婆孩子折磨的哥们眼红耳热,也常常使我们相信,飘着快餐面气味的夜晚,破沙发上可能还有些好事等着自己。那不过是一种幻觉,但我也见过不少人一辈子就活在幻觉里。

每当我早晨醒来,躺在床上琢磨这些,就会想起一墙之隔的老高。他时睡时醒,不分白天黑夜在屋子里到处晃悠。有天中午杨青去倒垃圾,刚拉开门就尖叫一声退了回来,脸涨得通红。是老头在小厨房洗屁股,背对小过道,解开的裤子掉到了脚背,嘴里哼哼唧唧的。他很快活,把长着白毛的屁股撅得老高。这情形前面几个女孩都撞上过。只要偶尔来上这么一下,这个挨骗的肛肠科退休大夫就快活得要命。

谁也没资格给别人的生活打分,大头喜欢把这句话挂在嘴边。不过,就连他自己也不愿放弃打分的乐趣。看那小屁股扭的!或者,这些小野鸡又开始上班了。他咋咋呼呼的,挨了白眼也不在意,却非常忌讳谈论自己的隐私。要是偶尔有谁问起,他就会假装点点头,把眼睛转到别处。还行,他会说，就那样吧。谁都知道这是他的软肋。我们保持了足够默契，从不谈论各自的女孩。但那些女孩和他分手后，却总忘不了挨个给他的朋友们打电话，把他掖在裤腰里的小破事翻个底朝天。她们在电话里又哭又喊，痛斥他的自私和卑鄙，最后连我都不得不同意，相比大头精湛的泡妞技巧，他和女孩们上床以后的表现堪称拙劣。

我朝院子里探了探脑袋，那只野猫来过了。猫粮已经被舔食得干干净净。从我前年搬来起，它几乎每天晚上都来枇杷树下睡觉。有时碰到下雨天，还会躲进干燥的水泥阳台，在窗下喵喵叫上几声。谁都说不清楚这猫是怎么回事，房东怀疑是以前的租客留下的。这个化工厂的推销员三个月过来一次，除了收房租和水电费，还喜欢趁我不注意，在自己的房子里偷偷巡视一番。他有些怕我，客厅里那些像蘑菇一样冒出来的年轻女孩，也常常惹得他唉声叹气。连他自己都解释不了，会有哪个倒霉蛋兜里的钱只够租他这套阴暗潮湿、满是霉味的单元房，却偏要养只苏格兰折耳猫。

杨青开始说那只野猫名贵，我还有些不信。后来她去网上下载了一堆猫咪图片，各种颜色的折耳猫。那种猫其实很好认，弯垂的耳朵倒扣在脑门上，像顶着个蝴蝶结。那是只温顺的母猫，眼珠深蓝，毛色纯白如丝——我开始以为是烟灰色的，直到杨青生日那天心血来潮，拿猫粮又哄又骗，给它洗了次澡。那只可怜的猫洗完澡之后，几乎连路都不会走了，爪子在瓷砖地上直打滑。

我从小害怕所有毛茸茸的小动物。这是从娘胎里带出来的恐惧，就像有人怕闪电，有人看见蛇就起鸡皮疙瘩。杨青撺掇过我很多次，想把那只猫弄回房间来养，但我始终没松口。你前世是只老鼠，长着两颗大门牙，她说。你现在走路还喜欢贴着墙。而我能想到的，是她在游戏厅里兴高采烈，用橡胶锤子狂砸露头的土拨鼠。她不断拿这事取笑我，但只要看见灶台上乱爬的蟑螂就会尖叫不已。

至少我和猫相安无事。除了晾晒衣服或是去储藏间找东西，我一个人很少踏进它撒了尿的地盘。去年冬天下雪，它在窗下喵叫了一夜。第二天我硬着头皮，用装水果的纸板箱和旧棉胎替它弄了个舒服的窝。我没想讨好它。在心口结出硬痂之前，我希望自己像套着铠甲的士兵，目不斜视，只听从命运的简单指令。

过去半年里，我和杨青加上那只淘气的小野猫，似乎组成了一个俄罗斯套娃：我负责照顾她，而她负责照顾猫。她没事就去院子里逗猫玩，一天不见就怀疑猫被人偷走了，冲我埋怨个没完。就算回到上海，她还在电话里为她的猫咪忧心忡忡，叮嘱我小心房东，说他看上去贼兮兮的。

即使真有人把野猫捉走了卖钱，那也不能叫偷。我这么想，却只是点点头，什么话都没说。

半夜我正看电视,听见外面两家公用的木门被捶得咚咚响。是大头和一个陌生女孩。我整晚坐在沙发上等他过来,他拖泥带水关了店,却还跑去泡妞。我交的那帮狐朋狗友全是这副德行。大头勉强眯缝着醉眼,一只手勾着女孩的脖子,另一只手抓着腰包和车钥匙,冲我莫名其妙地摆个不停。我希望他是想说,不用了,我问别人借到钱了,但他只知道一个劲傻乐。

他喝多了,还非要过来,女孩说。

你们从酒吧来?我说,尽量使自己显得客气些。

她的眼睛直直地看着我,像是忘戴近视眼镜,看人有重影。先是在酒吧,后来吃了小龙虾,她说。没想到,他酒量这么浅。

他的酒量比肚脐眼还浅。我从她手里接过大头,随口问,你没灌他吧?

她耸了耸肩,说,我没这爱好。

那女孩属于那种在街上碰到,你会扭头多看一眼的女孩。不是说她长得有多美,而是她的举止打扮很扎眼。她二十六七岁的样子,个子很矮,斜挎着一只鼓鼓囊囊的大包,两只亮闪闪的大耳环晃个不停。

你是海洋吧?他一晚上就在唠叨你的事。

那他肯定说了我不少露脸的事,我点点头,说。

海洋其实是大头的名字。这是我们经常玩的小把戏。在酒吧里互换名字和身份，把那些刚认识的女孩搞得莫名其妙。这么做没有恶意，只是为了寻开心。

她夹着包，屁股刚挨着客厅门边的单人沙发，就吸着鼻子说，这里有股猫味。

我把大头扔在靠窗的长沙发里，嗯了一声，有些怀疑地看着她。只要带陌生女孩回家，我习惯提醒她们先捏住鼻子。因为进门后，还要穿过一个油腻腻的公用过道，夹在老高黑乎乎、臭烘烘的小厨房和满是耗子味的卧室之间。要是赶上他站在门口，那股萦绕不散的臭味还会浓烈十倍。我皱皱鼻子，只能闻到大头身上的酒气。我还是第一次见他醉成这样，倒进沙发就趴着不动了。

酸酸的，是猫尿的味道，她自言自语道。

我关掉电视，去厨房倒了两杯白开水。等我回来，看见那女孩把脚搁在茶几上，双手抱肩，盯着自己的鞋尖。那姿势让我有种不太友好的错觉：要是她脱掉长筒靴，连裤袜的袜头也会露出五根脚趾，跟人打招呼。我头一回见她，不知道她的来路，也闹不清她和大头的关系。我们过去从不招惹这个岁数的女孩，对我们来说她们已经太成熟了，太有社会经验，本身就是一个大麻烦。她们会用锋利如刀的目光给每个上前搭讪的男人打分，掂量是否值得在你身上耗费所剩无几的青春。

今天发什么疯呢？我推推大头，他嘴里哼哼唧唧的，翻了个身。没见过你们这么喝的。

那应该怎么喝？女孩扬了扬脸，懒洋洋地说。

我坐在大头脚边，看着她那副又冷淡又疲惫的样子。我在酒吧最爱干的一件事，就是把陌生女孩灌醉了带回来过夜。我说，你碰上了一个心地善良的男人。

她撇了撇嘴。对这种女孩，心地善良大概不是什么够分量的词。那你这里有酒吗？隔了一会儿，她问。

我看了眼墙角嗡嗡响的单门冰箱，里面还冰着下午刚买的六罐百威。但今晚屋里有一个醉汉就已经够了。

你住哪儿？要不，我打车送你回去。

我没地方去。她很干脆地回答，拉开大包在里面摸了半天，掏出香烟点上。下午房东刚把锁给换了。

难怪，我说，看着她包里露出来的半个胸罩。你就这些家当？

还有箱子，放车上了。她朝外面努努嘴，又吸了口烟，手腕内侧露出一大块瘀青。

那是怎么回事？我指指她的手腕。

哦。她喷了口烟，说，上礼拜打了一架，和房东。他想赶我走，嗯，你知道的，就那么回事。那个臭不要脸的花心大萝卜。

你是说，房东和你……

这么说也没错。她看着我，眼神冰冷。

我和她费劲地架起大头，把他连拖带拽弄到卧室。她扒掉他臭烘烘的球鞋，我拉过被子替他盖上。他一挨着枕头就昏睡过去，像熟透了的大虾蜷成一团，嘴角还挂着进门时的傻笑。我们喘着气，站在床边看着他。惨淡的日光灯下，气氛诡异得像遗体告别。

这么大张床，你一个人住吗？她问我。

是啊，我瞥了她一眼，说。我的房东也是个男的。

她没有搭腔，继续打量着房间，目光有些凌厉。这间卧室最早摆着两张单人床，床单和旧褥子上污迹斑斑，一股女人的酸味。我签完租约就把那堆破烂扔进了院子里的储藏间，又把床架拼在一起，去买了一张松软的弹簧床垫。那也是我搬来以后花的最大一笔钱。要是你睡得不舒心，醒着的日子也好不到哪里去。很多婚姻就是这样毁掉的。那些烦闷的妻子躺在鼾声如雷的丈夫身边，心中就会涌起自毁的激情。还有悲惨的老年人，他们抱怨风湿、孤独或是儿孙不孝，却不知道痛苦的根源就在于，他们只拥有像猫一样短暂和错幻的睡眠。这些是我对生活不多的看法。

我犹豫了一会儿，去衣橱里翻出块毛毯放在床头。杨青刚离开那会儿，我想过把床重新拆开。每天晚上我还是睡在原来的半边，但旁边空出来的半张床就成为突然塌陷的深渊。这种情形每隔几个月就会重复一次，让人既熟悉又讨厌。还好我很少做梦，即便做过什么梦，醒来也忘记了。杨青是和我住过的女孩里性子最长的一个,她从深渊里打来的电话持续了将近两个月。她从不说自己的近况,只是一遍遍问那猫,还问隔壁的公公。这个上海女孩一直管老高叫公公。以前每次听她这么喊,我就会大笑。但在电话里我从来不笑。我想我对女孩们的伤心已经麻木了。

我走到门边,回过身让那女孩早点休息。厕所小,洗漱得去厨房,我说。

我还不困。

她摇了摇头,关掉灯跟了出来。

我从冰箱拿出啤酒,随便找了张大头店里的打口碟塞进音响,把音量调低。我们一人开了一罐,坐在沙发上有一搭没一搭地聊天。她说她叫李红,去年夏天从烟台过来,看看在南京能不能时来运转。有个在街边算命的家伙就是这么说的,她命中的贵人在正南。但我不用算,也能猜到她过去的倒霉事一串串。

好地方。隔了一会儿,我说,我去过。

你说什么?

烟台,我喜欢那地方。空气很新鲜,晚上有很多人钓鱼,在海边排成一溜。

这么说的时候,我没意识到自己又碰到了心口的那块伤疤。那是过去的一段伤心曲,我曾以为自己永远陷在里面出不来了呢。但两年多时间,出租房里穿梭不断的女孩,已经让那段踩了屎的婚外情变得非常遥远。我靠着沙发,把手里的啤酒罐捏得啪啪响。

我们应该在什么地方见过?她抖掉烟灰,说。进门就觉得你有点眼熟。

在大头店里吧。肯定不在烟台。呃,十年前你多大?

她狠狠瞪了我一眼,脸上却有了一丝笑意。那你现在多大了?

三十七。

天哪,真倒霉。我怎么尽碰上你们这种老男人。

我猜她说的"你们"除了我和大头,还包括她的房东跟别的什么男人。她那副带着全部家当,随时准备把自己像颗炸弹一样抛出去的架势,大概吓跑过不少搭讪的哥们。我打了个哈欠,问她现在在做什么。

很多。她把脚搁在茶几上,朝天花板吐了个烟圈。她在一家野鸡公司画装修效果图,还带考前班,辅导那些打算考美术的小孩。要是赶上运气好,哪家餐厅或是公司需要画点壁画什么的,她就会乐上半天。那种活儿最简单,来钱也快。她有些尴尬地刹住话头,意识到我对这些唠叨没什么兴趣。

碟片放到头了。我靠在沙发上,懒得动弹。隔着薄薄的楼板,头顶传来黑哥们踢踏的脚步声和关门声。谢天谢地,今晚他是一个人回来的,没怎么折腾就安静下来。那帮跟他回来过夜的女孩像是从同一个模子里刻出来的：蓬乱的爆炸头，厚嘴唇涂得血红。我和杨青习惯叫她们啊啊女孩，她们似乎热衷于向这里的住户证明，为什么超市里的润喉糖总和避孕套摆在一起。

客厅里只剩下挂钟的嚓嚓声。那上面的指针指向了十点，不过那钟通常要慢三个多小时。往常到这个点，我就该趿着鞋上床了。要是睡不着，就翻上几页推理小说，阿加莎·克里斯蒂什么的，全是从大头那里借来的。那些记不住的外国人名很容易让兴奋的大脑转晕。但这会儿我还在沙发上跟个女孩喝啤酒，床上却睡着酒气醺醺的大头。我努力避免那种不好的感觉：也许在对面的女孩眼里，不管是我还是大头坐在这里，其实没什么区别。反正我们都属于开始走下坡路的老男人。

我这么想的时候，李红一直无聊地盯着我，手里的烟卷轻摆着，像用炭精条在看不见的素描纸上涂涂擦擦。我很快喝下两罐啤酒，脸上开始有些发热，就问她要了支烟。细长的绿爱喜，薄荷味的。我刚戒烟没几天，她这么一支接一支地抽烟，简直就像在我身上拉大锯。

李红突然轻叫了一声，夹烟的手指着墙角嗡嗡启动的旧冰箱。冰箱侧面粘着一堆花花绿绿的东西，无非是些冰箱贴呀照片呀便签条什么的。收拾房间时，我才发现里面还夹了一张杨青的快照。那照片是她生日那天，我在院子里用送她的拍立得照的。照片上她蹲在枇杷树下,微笑着,一只手摸着刚洗过澡的野猫。那猫在她手上乖巧得要命。

真可爱,李红走到冰箱跟前,凑近照片说。喜欢死了。

她的眼睛里闪着光。亮闪闪的大耳环在肩膀上摆个不停,像兴奋的狗尾巴。进门到现在,这个满脸倦意的女孩突然来了精神。

我就知道,她说。猫咪在吗?

大概在院子里睡觉。我掐灭烟头,说,你不至于吧?深更半夜的,两个老男人都没让你来劲。

讨厌。她拽着我胳膊,小孩子似的雀跃着。带我去看看,我想看。

我跟杨青的母亲通过电话,就一次。她说话慢条斯理的,很有礼貌。我是说,她比我过去接触过的所有母亲都更加通情达理。这不是件容易的事,让一个小学音乐教师贸然给一个陌生男人拨电话,而可能半小时前,她的宝贝女儿刚刚从他邂逅的床上爬起来,光着身子在衣橱里翻找权作睡衣的旧衬衫。

我在电话里喊她阿姨。阿姨,你好。这是不长的通话里,唯一让人觉得尴尬的地方。事实上她比我大不了几岁。我看过杨青手机里保存的照片,母女俩看着就像一对姐妹。

她一个劲感谢我对杨青的照顾,说她任性惯了,很不懂事。又说现在在上海找份体面的工作不容易。从头至尾她没对我提任何要求,也没露出半句私下聊天或保密之类的废话。这让我觉得,这位母亲甚至比她女儿更了解我。

当然,阿姨。我说,完全没有问题。

直到她挂掉电话,我们都聊得非常愉快。

阳台的灯泡已经坏了很久。我在抽屉里找出手电,带着李红穿过卧室,用力拉开通向院子的旧铁门。那扇铁皮门有些变形,挣脱门框时发出"嘭"的一声,在手里震颤着。我扭头看了看。大头嘟囔着,翻了个身,继续打起鼾来。他呼气时带着很长的啸音,惹得李红吃吃直笑。

你床上睡了一头鲸鱼,她悄声说。

哦,你见过鲸鱼喷水了?

她鼻子里嗤了一下,走了出去。我知道在哪里见过你了。

院子里黑沉沉的。昨天下过一场雨,这会儿地上还有些潮湿。一过九月,晚上天就很凉了。手电筒暗淡的光晕下,枇杷树蒙灰的叶子像是蜡做的。我打了个寒战,看了眼斑驳的围墙和二楼阳台之间露出的一小块狭长的天空。围墙外不远,就是胸科医院的病房楼,那里住着些苦恼的肺结核患者。我经常在附近碰到溜出来解闷的家伙,脸色潮红,呼吸急促,像步履正常的醉汉。

我们在哪见过?我把卫衣的帽子套在头上,问她。

她没回答,摸着黑试探着往前走了两步。那只野猫正在树下睡觉,手电光照着灰白色的一团。那里有一个碎砖堆成的小花坛,旁边用水泥砌了个四四方方的凹槽。我搬来的时候,这个干涸的小水池就已经成了野猫的窝。

咪咪,李红柔声轻叫着,蹑手蹑脚走过去。

那只猫一下就醒了,迷迷糊糊的,两只爪子搭着水池边。没等她走到跟前,它就跳上了花坛,龇着牙,嘴里发出呜呜的低吼。

哟,脾气还不小呢,她说。你平时拿什么喂它?

我看着那猫,站着没动。往常要是碰到生人,它早就顺着树蹿上围墙,一溜烟跑没影了。但今晚它只是沿着花坛来回转了几圈,就伏在那里,朝后弓着背,支棱起耷拉的耳朵,吼个不停。

小心,我拽住她的胳膊。它好像不太对劲。

我从没见过它发怒的样子,浑身的短毛都竖了起来。那样子看着让人心里一阵发毛。我不想激怒它。它锋利的爪子可以轻易把麻雀或是沙发靠垫撕成碎片。

真漂亮,比我养过的猫咪都漂亮。你怎么舍得把它扔在院子里?

这话说得,我怕猫。

噢,这么说,还真是一段伤心事呢。她瞟了我一眼,说,你肯定很喜欢照片上的那个女孩。前女友?

狗屁，我说。

她笑了，牙齿闪着微光。微暗的光线下，她活泼的样子有些撩人。那只猫还在树下呜呜吼着，声音低沉沙哑，那样子随时可能跃起攻击。

回去睡吧。我感到心口有些发紧，咽了口唾沫，把她拉回阳台。她在凉风里哆哆嗦嗦的，但还有点不甘心，扭头看着那猫。

咪咪，你怎么啦，咪咪？

今天见鬼了，我说。它过去不这样。

我只在杨青给它洗澡的时候，大着胆子摸过一次。其实也不叫摸，只是帮忙按住。杨青抓它的前腿，我揪住脖子上的硬皮。而它拼命挣扎着，溅了半屋子水，还在她胳膊上留下好几道抓痕。这女孩对猫的热情就像泛滥的洪水。后来陪她去打针时，脸上还是乐滋滋的。

等一下，李红嘴里咦了一声。你把手电给我，就一会儿。

她爬上水泥栏杆，一只手搭着我肩膀，拿手电筒照着猫窝。我下意识地把肩膀挪开，抓住她手。她的手很小很硬，手心里潮乎乎的。我不知道她想干什么，她似乎一点都没意识到，自己在这里不受欢迎。这是一只认生的野猫，有着一般猫没有的奇怪的忠诚。

真好，她兴奋地喊着，跳下栏杆，用另一只手挽起我胳膊，两只脚一颠一颠的。呀，真的太好了。

隔壁单元有人被吵醒了，楼上传来恼火的开窗声。这栋宿舍楼里尽是些睡不安稳的老年人。这些可怜的老糊涂过去在同一家医院工作，即使下班回家，也照样活在单位的气氛里。为我颠三倒四的作息和不时出没的女孩们，他们给房东打过好几次电话，还朝院子里扔番茄和烂菜根。奇怪的是，我从没听说他们对二楼的黑哥们提出异议。我猜那些啊啊女孩让他们觉得很安慰。

小点声。我熄掉手电，问道，怎么啦？

你做爸爸了，她悄声说。

什么？

你的猫咪给你生了一窝小猫。

我怀疑地看着树下。那只猫还是警惕地蹲伏着，黑暗里只能看见它瞪圆的眼珠闪着亮光。

三只小猫。她呼吸很轻，喷在我的脖子上热烘烘、湿乎乎的。

你真的看见了？

看得很清楚，爸爸。

她对我扬起脸，眼神柔和。半边身子哆嗦着，怕冷似的缩在我怀里，仿佛我还不知道可以对她做些什么。

我用一只胳膊搂着她，扭头看了看窗户。卧室里静悄悄的，除了客厅的灯光什么都看不见。这会儿要是大头醒转，会看见他带来的炸弹已经点着了引信。我希望他现在就睁着眼睛，表明他默认正在发生的一切。不知怎的，我有些晕晕乎乎的。一个人待久了，就会受不了这些：当你用双臂抱紧怀里的陌生女孩，就会以为在拥抱自己的新人生。虽然你明明知道，不会有什么新的开始，只有一个很快就会褪色的新女孩。

你刚才说，我们见过？我说。

噢，我忘了。

她的舌头很灵活，舔着我的嘴唇。隔壁传来一声痛苦的呻吟，又像是长长的叹息。老高又在发梦魇了。不难想象他那副糟样，从臭烘烘的床上突然坐起，张开手在黑暗里乱摸，突然忘了自己在什么地方。杨青睡眠很浅，半夜被他古怪的唉唉啊啊弄醒过无数次。她以为老头在呼救，就气鼓鼓地拿枕头砸我，愤怒于我的无动于衷。我松开了手，笑着摇摇头。

海洋，海洋。她的身体在凉风里微微发颤，喃喃自语着。当她冰凉的手伸进衬衫，放在我胸口时，我下意识推开了她。

海洋在睡觉呢，我说。开个玩笑，我们没正经惯了。

怎么啦？她疑惑地看着我。

啊，没什么。太冷了，我们回去吧，我飞快地说。我想起来了，柜子里还有瓶酒。

我不想让她感到难堪，虽然这么做有点伤人。她瞪视着我，露出一副受伤的表情。我拧亮手电扫了扫树下，那只猫已经回窝了。

好吧,她推开铁皮门,冲我撇了撇嘴。你真没劲。

我洗了两只玻璃杯,又打开电视,和她边看球赛边喝威士忌。我们并排坐在长沙发上,李红的脑袋靠着我肩膀。她脱掉靴子,把脚架在沙发扶手上。电视里在重播乒乓球比赛,一只小小的黄球在老式电视机的屏幕上不停地窜来窜去,看得人眼睛都花了。

我没别的意思,我说。

是没别的。她飞快地收回脚,在沙发里坐直。你只不过太把自己当回事了。

有吗?

你心思太重了,大哥。这年头没人在乎你想些什么。她换了个姿势,头枕着沙发扶手,把脚搁在我膝盖上。你们这些老男人!

那就为老男人干一杯。我笑着说,朝她举了举酒杯。

你想得越多,老得越快。她说,冰箱里有冰块吗?

没有。

去年我刚下火车那天,在马路上拖着两个大箱子,不知道该往哪去,也不知道晚上会住在哪里。你知道我当时在想什么吗?

哦,你不会想吃冰激凌吧,天那么热。

没错，我就想吃冰激凌，特别想。她咯咯笑了起来。这样就对了，你以后就该这么想事情。

我们一杯接一杯喝着，我很快就晕了。我记得自己最后躺在李红腿上，她用手抚弄着我的头发，耳朵边还是她咯咯的笑声。还不错，在彻底昏睡过去前，我想。至少这是一个用笑声来结束的晚上。

天光大亮时，我被屋子里的什么动静弄醒了。我支起身，开始以为是电视开着，后来瞥见卧室门已经关上了。床架在墙上撞得咚咚响。我听见李红夸张地啊啊大叫着，没有一点顾忌。

我悄悄爬起来，在门口换上球鞋，出去跑步。跑出巷口时，我看见大头的破雪佛兰歪歪斜斜地停在路边，有三个轮子骑上了人行道。旁边的铁皮垃圾筒被撞翻了，飞起一团苍蝇。我喘着气，大口呼吸着，跑过体育公园里打太极拳和做操的晨练者。全是些中老年人，他们把买菜篮挂在树上，下面还拴了好几只狗，狗尿撒得树下湿漉漉的。过去我可以绕着公园轻松跑上一圈。但今天早晨刚跑上五台山体育馆的台阶，腿就沉得抬不起来了，后背和腋下湿了一大片。

我坐在水泥台阶上，等太阳穴周围绷紧的皮肤慢慢松弛下来，那里始终隐隐作痛。杨青已经一个多月没有来电话了。也许现在我可以给她发个短信，告诉她，她的猫咪生了三只小猫，而我会一直照顾它们。这没问题。我想，这真的没什么问题，尽管我还是很怕这些毛茸茸的小东西。

从超市拎着购物袋回家时，老高正猫着腰在小厨房里煮牛奶，嘴里还是哼哼唧唧的。老头很会自得其乐。卧室里静悄悄的，大头和李红已经沉沉睡去。我把刚买的猫粮、牛奶和剁碎的鸭肝放在茶几上。这样等李红醒来，她会想到去院里喂猫。在上班之前，我扯掉冰箱侧面杨青的照片，揉成一团，揣进裤兜。路过拉萨路小学时，我把它扔进了围墙。

后　记

本书收录的小说大多源自1998年至2001年间，我对小说和自身可能性的演练和摸索。当初转向小说的理由很简单，满心以为可以和周围的朋友一样，通过稿酬维持生计，过上相对自由的生活。当然，这是非常天真的想法——至少以我的能力看，这条路是行不通的。

抱着这样的心思操持小说，虽然起初充满了热情，也不可谓不专注，最后落得虎头蛇尾却是可想而知的。即使其中有些小说曾经赢得过一定的赞许和肯定，但现在回过头看，充其量不过记录了我犯过的所有错误：比如《表姐》对细节的病态迷恋，《悲伤的陌生人》对引号的倚重，或者《盲人之家》对现实题材刻意的一瞥……正如此后，我再次转向诗歌，它们更早地远离了我。

编撰并重温这些小说，我经常感到一种巨大的遗憾，为自己的迟疑和三心二意。我对小说之难心存畏惧，但直到现在，它的魅力于我仍是一种难以释怀的诱惑。由于这种遗憾，我甚至无心修剪字里行间的造作和笨拙——肯定也是更加无趣的做法。在此过程中我还发现，往往是某些赘笔和看似杂芜的枝蔓，保存了为自己珍视的生活场景和情感记忆。假使还有人觉得它们尚可一读，我想一定是因为这个缘故。

我希望将小说集最后的几篇近作当作一次廓清或纠正。如果说我曾经像走慢的秒针，反复摇摆于小说和诗之间，那么如今这条螺旋形轨迹，其实部分印证了一个并不新鲜的说法：诗，存在于一切文体之中——虽然我并不认为，自己真正地写出了什么。

最后要感谢河南大学出版社的杨全强先生，没有他，或许我不会有勇气将它们结集出版。

刘立杆

2015 年 4 月 7 日